A GYÖKERZÖLDSÉGEK SZAKKÖNYV

A gyökérzöldségkonyha elsajátítása 100 recepten keresztül

Kristóf Borbély

Copyright Anyag ©2024

Minden jog fenntartva

A kiadó és a szerzői jog tulajdonosának megfelelő írásos beleegyezése nélkül ennek a könyvnek egyetlen része sem használható fel vagy továbbítható semmilyen formában vagy módon, kivéve az ismertetőben használt rövid idézeteket. Ez a könyv nem helyettesítheti az orvosi, jogi vagy egyéb szakmai tanácsokat.

TARTALOMJEGYZÉK _

TARTALOMJEGYZÉK _..3

BEVEZETÉS...8

CELLERIA..9

1. ZELLER-SAJTOS SZUFFLÉ..10
2. ZELLER- ÉS ALMALEVES DARÁLT DIÓVAL.........................13
3. SERTÉSSZELET ZELLER-REMULÁDÉVAL............................15
4. FOKHAGYMÁS RIZOTTÓ FÜRJJEL.......................................18
5. KRÉMES KAGYLÓLEVES SÁFRÁNNYAL...............................21

PASZTERNÁK..23

6. BARNA RIZS, MANDULA ÉS ZÖLDSÉG KROKETT...............24
7. PULYKALÉ SVÁJCI MÁNGOLLAL ÉS PASZTERNÁKKAL......27
8. ŐSZIBARACK ÉS PASZTERNÁK FEJJEL LEFELÉ TORTA....29
9. GARBANZO PASZTERNÁK GNOCCHI GRÁNÁTALMÁVAL....31
10. PASZTERNÁK ÉS SÁRGARÉPA FRITTERS........................34
11. PASZTERNÁK TÉLI LEVES..36

SVÉD KARÓRÉPA...38

12. GRILL TÉSZTÁK...39
13. R UTABAGA BURGONYAPÖRKÖLT....................................41
14. GYÖKÉRZÖLDSÉG MARHAPÖRKÖLT...............................43
15. PULYKAKOLBÁSZ GYÖKÉRZÖLDSÉGEKKEL...................45
16. GAZDAG MAGYAR GULYÁSLEVES....................................47
17. HAJDINA SÜTÉS GYÖKÉRZÖLDSÉGEKKEL......................49
18. TENGERI SÜGÉR SÜLT GYÖKÉRZÖLDSÉGEKKEL...........51

19. RAGADOZÓ MARHAPÖRKÖLT GYÖKÉRZÖLDSÉGEKKEL............53
20. TÁPIÓKA LEVES ÉS ŐSZI ZÖLDSÉGEK............................56
21. FERMENTÁLT APRÍTOTT SALÁTA RUTABAGA........................58
22. ŐSZI CSIRKE ÉS GYÖKÉRZÖLDSÉGLÉ.............................60
23. ŐSZI FESZTIVÁL PULYKALÉ......................................63
24. BÁRÁNY- ÉS GYÖKÉRZÖLDSÉGLEVES..............................65
25. ÖKÖRFARKÚ LEVES RUTABAGÁVAL.................................67
26. BEGEDIL BURGONYA POGÁCSA....................................69
27. SZÜRET ZÖLDSÉG ÉS QUINOA....................................72
28. KLASSZIKUS POT-AU-FEU......................................74
29. SAJTOS SZALONNA FALATOK.....................................77
RÉPA..79
30. FEHÉRRÉPA ÉS HAGYMA RAKOTT..................................80
31. BŰVÉSZ FEHÉRRÉPA BOR...82
32. HÁLAADÁS PÁROLT FEHÉRRÉPA...................................85
33. TAJVANI FEHÉRRÉPA SÜTEMÉNYLEVES.............................87
34. VEGYES-ZÖLDEK FEHÉRRÉPA RÁNTÁSSAL...........................90
35. DATOLYASZILVA ÉS DAIKON TEMAKI..............................92
36. SNOW PEA SHOOT DAIKON ROLLS.................................94
RETEK...96
37. SÜLT YUZU CSIRKE JAPÁN SALÁTÁVAL............................97
38. GŐZÖLT HAL...99
39. JAPÁN RIZOTTÓ GOMBÁVAL.....................................101
40. SÜLT CSIRKE PISZTÁCIA PESTOVAL.............................103
41. GARDEN FRESH PIZZA...106
42. KRÉMES RETEKLEVES..108

43. FŰSZERES RETEK ÉS SÁRGARÉPA LEVES..................110
44. RETEK ÉS BURGONYA LEVES..................112
45. RETEK ZÖLD LEVES..................114
46. HŰTÖTT RETEK LEVES..................116
47. RETEK ÉS CÉKLA LEVES..................118
48. RETEK ÉS PARADICSOMLEVES..................120
49. RETEK ÉS KÓKUSZOS CURRY LEVES..................122
50. RETEK ÉS SPENÓT LEVES..................124
51. RETEK ÉS GOMBALEVES..................126
52. SÜLT ÉDESBURGONYA ÉS PROSCIUTTO SALÁTA..................128
53. GÖRÖGDINNYE RETEK MICROGREENS SALÁTÁVAL..................130
54. MICROGREENS ÉS HÓBORSÓ SALÁTA..................132
55. MICROGREEN TAVASZI SALÁTA..................134
CUKORRÉPA..................136
56. CÉKLA HASH TOJÁSSAL..................137
57. RÉPA KÉREG REGGELI PIZZA..................139
58. B EET CHIPS..................141
59. KAPROS ÉS FOKHAGYMÁS CÉKLA..................143
60. RÉPA ELŐÉTEL SALÁTA..................145
61. RÉPA CSÓNAKOK..................147
62. RÉPA FRITTERS..................149
63. TÖLTÖTT CÉKLA..................151
64. ALMÁVAL ÉS RÉPÁVAL GRILLEZETT SPANYOL MAKRÉLA..................153
65. CÉKLÁS RIZOTTÓ..................155
66. CUKORRÉPA CSÚSZKÁK MICROGREENS..................157
67. GARNÉLARÁK AMARÁNTTAL ÉS KECSKESAJTTAL..................160

68. GRILLEZETT FÉSŰKAGYLÓ FRISS RÉPASZÓSSZAL....................163
ÉDESBURGONYA...................165
69. ÉDESBURGONYA ÉS SPENÓT FRITTATA...................166
70. ÉDESBURGONYÁS REGGELIZŐTÁL...................168
71. ÉDESBURGONYÁS ÉS KOLBÁSZOS REGGELI RAKOTT...............170
72. ÉDESBURGONYÁS REGGELI SÜTIK...................172
73. ÉDESBURGONYÁS ÉS SZALONNÁS REGGELI SERPENYŐ...........174
74. ÉDESBURGONYÁS TURMIXTÁL...................176
75. ÉDESBURGONYÁS REGGELI BURRITO BOWL.........................178
76. CEVICHE PERUANO...................180
77. GYÖMBÉRES ÉDESBURGONYA RÁNTOTT...................182
78. ÉDESBURGONYÁS MÁLYVACUKORFALATOK _.......................184
79. TÖLTÖTT ÉDESBURGONYA...................186
80. TEMPURA ÉDESBURGONYA...................188
81. PULYKA ÉS ÉDESBURGONYA TEMPURA...................190
82. S WEET POTATO NACHOS...................192
83. SÜLT ÉDESBURGONYA CHIPS...................194
84. CURRY FŰSZERES ÉDESBURGONYA CHIPS...................196
85. GRILL ÉDESBURGONYA CHIPS...................198
86. ÉDESBURGONYA KÖRÖK...................200
87. PULYKA CSÚSZKÁK ÉDES BURGONYÁVAL...................202
88. ÉDESBURGONYA ÉS SÁRGARÉPA TINGA TACOS...................204
89. LENCSE ÉS RIZS HÚSGOMBÓC...................206
90. ÉDESBURGONYÁS MÁLYVACUKROS RAKOTT...................208
91. KUKORICAPEHELY ÉDESBURGONYÁS RAKOTT...................210
92. BAB, KÖLES CIPÓ ÉDES BURGONYÁVAL...................212

93. ÉDESBURGONYÁS GNOCCHI RAKÉTA PESTOVAL......................215

94. GESZTENYE ÉS ÉDESBURGONYA GNOCCHI.............................218

95. ÉDESBURGONYA ÉS SÁRGARÉPA GNOCCHI............................222

CSICSÓKA..224

96. VEGETÁRIÁNUS CARPACCIO...225

97. CSICSÓKA GRÁNÁTALMÁVAL...227

98. ARTICSÓKA KORIANDER KOKTÉL...229

99. SÜLT CSIRKE CSICSÓKÁVAL...231

100. SPENÓT ÉS ÉDESBURGONYA LASAGNA................................233

KÖVETKEZTETÉS..236

BEVEZETÉS

Üdvözöljük a "A GYÖKERZÖLDSÉGEK SZAKKÖNYV"-ban, amely átfogó útmutató a gyökérzöldségek konyhaművészetének elsajátításához 100 finom recepten keresztül. Ez a szakácskönyv a gyökérzöldségek sokszínű és tápláló világának ünnepe, egy kulináris utazáson kalauzolja el Önt, amely feltárja ízüket, állagukat és sokoldalúságukat. Csatlakozz hozzánk, amikor belevágunk egy főzési kalandba, amely a szerény gyökereket kulináris kiválósággá emeli.

Képzeljen el egy asztalt, amelyet élénk pörkölt zöldségek, kiadós pörköltek és kreatív ételek díszítenek – mindezt a gyökérzöldségek földi finomsága ihlette. A "The l Root Veggies Cookbook" nem csupán receptgyűjtemény; ez a gyökérzöldségek táplálkozási előnyeinek, szezonális változatosságának és kulináris lehetőségeinek feltárása. Akár gyakorlott házi szakács, akár csak most kezdi a kulináris utazását, ezek a receptek úgy lettek megalkotva, hogy inspirálják, hogy a legtöbbet hozza ki a természet földalatti kincseiből.

A klasszikus sült gyökérzöldségektől az innovatív paszternákot, céklát, sárgarépát és egyebeket tartalmazó ételekig minden recept a földes ízek és tápanyaggazdagság ünnepe, amelyet a gyökérzöldségek hoznak az asztalra. Akár családi vacsorát tervez, akár változatossá kívánja tenni növényi alapú ételeit, ez a szakácskönyv a legjobb forrás a gyökérzöldségek konyhaművészetének elsajátításához.

Csatlakozzon hozzánk, amikor beleásunk a gyökérzöldségek kulináris lehetőségeibe, ahol minden alkotás ékes bizonyítéka ezeknek a földalatti gyöngyszemeknek a sokféleségéről és alkalmazkodóképességéről. Tehát, vegye fel a kötényét, ölelje fel a természetes jót, és induljon el egy ízletes utazásra a "A GYÖKERZÖLDSÉGEK SZAKKÖNYV"-ban.

CELLERIA

1.Zeller-sajtos szuﬄé

ÖSSZETEVŐK:
- 1¾ csésze zeller, meghámozva és felkockázva
- 2 szabadtartású tojás
- ½ csésze félzsíros 2%-os zsírtartalmú tej
- 1 evőkanál kukoricaliszt
- 4 evőkanál félzsíros érett sajt, lereszelve
- 2 evőkanál finomra reszelt parmezán
- ¼ teáskanál frissen reszelt szerecsendió
- ¼ teáskanál tengeri só, osztva
- ¼ teáskanál frissen őrölt fekete bors
- 2 permet olívaolaj spray

UTASÍTÁS:
a) Melegítsük elő a sütőt 170 C-ra Légkeverő, 375 F, Gas Mark 5. 2 tűzálló ramekin belsejét kivajazzuk, és sütőedénybe tesszük.

b) A zellert meghámozzuk és kockákra vágjuk. Adjuk hozzá ezt és ⅛ teáskanál sót egy fazék forrásban lévő vízhez, és főzzük 4-5 percig, amíg megpuhul.

c) A zellert lecsepegtetjük, és aprítógépben simára pürésítjük, majd áttesszük egy tálba.

d) Ha nincs mini konyhai robotgéped, egyszerűen csak egy tálban, villával pépesítsd simára a zellert.

e) Ízesítsük a zellert sóval, borssal és frissen reszelt szerecsendióval. A sajtot lereszeljük és összekeverjük.

f) A tojásokat szétválasztjuk, a fehérjét egy tiszta tálba tesszük, a sárgáját pedig a zellerrel együtt.

g) A tojássárgáját a zellerpüréhez keverjük, és félretesszük.

h) A kukoricalisztet felengedjük a tejjel, és a keveréket a serpenyőbe öntjük.

i) Közepes lángon, állandó kevergetés mellett melegítsük, amíg a szósz besűrűsödik, majd főzzük további percig.

j) Adjunk hozzá 5 evőkanál reszelt sajtkeveréket a szószhoz, és keverjük addig, amíg elolvad. Ne aggódjon amiatt, hogy a szósz sokkal sűrűbb, mint a kiöntő szósz lenne, ez a sűrű szósz a megfelelő állag a szuflé elkészítéséhez.

k) A sajtszószt a zellerkeverékhez keverjük.

l) Forraljuk fel a vízforralót.
m) A tojásfehérjét tiszta habverővel kemény habbá verjük, de ne verjük túl.
n) A tojásfehérjének szilárdnak kell lennie, a csúcsok pedig megtartják alakjukat, és nem marad folyékony fehérje.
o) Használjon spatulát vagy fémkanalat, és hajtson 1 evőkanálnyit a zellerkeverékbe, hogy megvilágosítsa.
p) Ezután adjuk hozzá a maradék tojásfehérje felét a zellerkeverékhez.
q) Könnyed érintéssel gyorsan hajtsa be, vágja át a keveréket és fordítsa meg, amíg minden jól össze nem áll, de még mindig könnyű és levegős.
r) Ismételje meg a többi felvert tojásfehérjével. A keveréket egyenletesen öntsük az elkészített ramekinek közé, és szórjuk meg a maradék reszelt sajttal.
s) Helyezze a rántást a sütőedénybe, és óvatosan öntsön körülbelül 2,5 cm forrásban lévő vizet a sütőedénybe, ügyelve arra, hogy ne fröcsköljön ki.
t) Tegyük be a sütőbe, és süssük 20-25 percig, amíg a szuflék jól megkelnek és aranybarnák lesznek.
u) Közvetlenül a ramekinből tálaljuk és azonnal fogyasszuk!

2.Zeller- és almaleves darált dióval

ÖSSZETEVŐK:
- 1 hagyma, meghámozva és durvára vágva
- 1 zeller (600-800 g), meghámozva és felkockázva
- 2 Cox alma, meghámozva, kimagozva és durvára vágva
- 2 evőkanál olívaolaj
- 1 evőkanál kakukkfű levél
- 1 liter zöldségalaplé
- Tengeri só és frissen őrölt fekete vagy fehér bors
- Kiszolgálni
- Nagy marék dió, durvára vágva
- Extra szűz olívaolaj, csepegtetéshez

UTASÍTÁS:
a) A hagymát, a zellert és az almát a felsoroltak szerint elkészítjük.

b) Helyezzen egy nagy serpenyőt közepes lángra, és adja hozzá az olívaolajat. Amikor forró, adjuk hozzá a hagymát egy csipet sóval, és főzzük 4-5 percig, vagy amíg megpuhul, de nem színeződik.

c) Adjuk hozzá a zellert, az almát és a kakukkfüvet, és főzzük 5 percig.

d) Felöntjük a zöldségalaplével, és lassú tűzön felforraljuk. Forraljuk tovább 5 percig, vagy amíg a zeller megpuhul.

e) Vegyük le a serpenyőt a tűzről, és botmixerrel turmixoljuk össze alaposan. Ízesítsük sóval, borssal, majd kóstoljuk meg, és ha szükséges, adjunk hozzá még fűszereket.

f) Meleg tálakba merítjük, megszórjuk a darált dióval, és tálalás előtt meglocsoljuk extra szűz olívaolajjal.

3.Sertésszelet zeller-remuládéval

ÖSSZETEVŐK:
- 2 x 220 g csont nélküli sertésszelet
- 50 g sima liszt
- 1 tojás
- 80 g friss zsemlemorzsa
- 1 teáskanál szárított kapor
- 1 teáskanál paprika
- Növényi olaj, sütéshez
- Tengeri só és frissen őrölt fekete bors
- A remuládhoz
- 200 g zeller, meghámozva és zsugorítva
- 2 evőkanál majonéz
- 1 teáskanál teljes kiőrlésű mustár
- 2 evőkanál tejföl
- 1 evőkanál finomra vágott lapos petrezselyem
- Kifacsarjuk a citromlevet

KISZOLGÁLNI
- 2 kis marék vízitorma
- citromszeletek (elhagyható)

UTASÍTÁS:
a) Éles késsel vágja le a zsírt minden sertésszeletről. Helyezze őket két darab fólia közé, és egy kalapáccsal vagy sodrófával lapítsa ki őket 5 mm vastagságúra.

b) A lisztet egy lapos tálba tesszük, sózzuk, borsozzuk, és jól összekeverjük. A tojást enyhén felverjük egy másik sekély tálban. A zsemlemorzsát egy harmadik sekély tálba tesszük, és belekeverjük a kaprot és a paprikát. A karaj mindkét oldalát fűszerezzük, majd mindegyiket először liszttel, majd tojással, végül zsemlemorzsával megkenjük.

c) A remuládéhoz a zellert, a majonézt, a mustárt, a tejfölt és a petrezselymet tegyük egy nagy tálba, és jól keverjük össze. Adjunk hozzá egy kevés citromlevet, és fűszerezzük ízlés szerint. Félretesz, mellőz.

d) Egy serpenyőben 1 cm mélységű növényi olajat hevítünk. Amikor forró, óvatosan hozzáadjuk a szeleteket, és mindkét oldalát 2-3 percig sütjük. Konyhai papíron leszűrjük.

e) Tálaljuk a szeleteket egy bőséges kanál remuládéval, egy marék vízitormával és egy citromszelettel (ha használunk) az oldalára.

4.Fokhagymás rizottó fürjjel

ÖSSZETEVŐK:

- zeller 1/2 kicsi, 1 cm-es darabokra vágva
- olivaolaj
- fokhagyma 1 gumó, gerezd meghámozva
- rozmaring 1 szál
- 1 medvehagyma, finomra vágva
- póréhagyma 1, apróra vágva
- kakukkfűlevél 1 teáskanál
- vaj 100g
- rizottó rizs 400g
- növényi olaj
- csirkealaplé 1,5 liter
- P ecorino sajt 80g, finomra reszelve
- lapos levelű petrezselyem egy kis marék, apróra vágva
- fürj 4, megtisztítva és megtisztítva

UTASÍTÁS:

a) Melegítsük elő a sütőt 180C/légkeverő 160C/gáz 4. Tegye tepsire a felkockázott zellert. Fűszerezzük, és kevés növényi olajjal meglocsoljuk. 15 percig sütjük, vagy amíg puha és barna nem lesz.

b) Közben a fokhagymát, a rozmaringot és a 100 ml olívaolajat egy kis serpenyőbe tesszük (hogy a fokhagyma elmerüljön, ha kell, még olajat adunk hozzá), és óvatosan melegítjük 10 percig, vagy amíg a fokhagyma megpuhul és enyhén aranybarna.

c) Vegye ki, és hűtse le az olajat. A maradék fokhagymás olajat felhasználhatod főzéshez, de tartsd hűtőben és egy héten belül használd fel.

d) A medvehagymát, a póréhagymát és a kakukkfüvet megpirítjuk 50 g vajban és 50 ml olívaolajon. Évad. Amikor a zöldségek megpuhultak, hozzáadjuk a rizst, és addig keverjük, amíg az összes szem be nem vonódik.

e) Óvatosan melegítse 1 percig, hogy a rizs megrepedjen (ez megkönnyíti a felszívódást).

f) Adjunk hozzá 500 ml alaplevet a rizottóhoz, és keverjük addig, amíg az egész felszívódik. Ismételje meg még 2-szer. Ez körülbelül 20 percet vesz igénybe. Adjon hozzá még alaplét, ha szükséges, hogy krémes állagot kapjon.

g) Vedd le a tűzről, amikor a rizs megpuhult, add hozzá a zellert, a többi vajat, a sajtot és a petrezselymet, és fűszerezd. Fedővel letakarva pihentetjük.

h) Melegítsük fel a sütőt 200 C/légkeverő 180 C/gáz hőmérsékletre 6. Melegítsünk fel egy serpenyőt közepes lángra. Olajozza meg és fűszerezze be a fürjeket, majd tegye a madarakat bőrükkel lefelé a rácsra 4 percre, amíg aranybarnák és elszenesednek.

i) Fordítsuk meg és főzzük további 2 percig. Tegyük át egy tepsibe, és süssük 10-15 percig, amíg megpuhul, és a leve kiürül. 2 percig fólia alatt pihentetjük. Osszuk el a rizottót meleg tányérok között.

j) Vágja félbe a fürjet a háta mentén, és tegye rá a rizottót. Egy kés hátával összenyomkodjuk a konfitált fokhagymát, és rászórjuk.

5.Krémes Kagylóleves Sáfránnyal

ÖSSZETEVŐK:

- 750 g (1 font 10 uncia) kis kagyló, megtisztítva
- 4 evőkanál száraz fehérbor
- 50 g (2 uncia) vaj
- 225 g (8 oz) hámozott zeller, apróra vágva
- 125 g (4½ uncia) póréhagyma, szeletelve
- 1 kis gerezd fokhagyma apróra vágva
- kb 750 ml hallé
- jó csipetnyi sáfrányszálat
- 175 g (6 uncia) szőlőben érett paradicsom
- 4 evőkanál crème fraîche

UTASÍTÁS:

a) A kagylót és a 2 evőkanál bort egy közepes méretű serpenyőbe tesszük. Tegyük erős tűzre, és főzzük 2-3 percig, vagy amíg a kagylók éppen ki nem nyílnak.

b) Olvasszuk fel a vajat egy tiszta serpenyőben, adjuk hozzá a zellert, a póréhagymát, a fokhagymát és a maradék bort. Fedjük le és főzzük óvatosan 5 percig.

c) Tegye az utolsó egy-két evőkanálnyi kagylólé kivételével egy nagy mérőkancsóba, és töltse fel 900 ml-re a halalaplével. Hozzáadjuk a serpenyőbe a zöldségeket a sáfránnyal és a paradicsommal együtt, lefedjük, és lassú tűzön 30 percig pároljuk.

d) Hagyja kicsit hűlni a levest, majd turmixolja simára. Először átpasszírozzuk egy szitán, majd még egyszer átpasszírozzuk a chinoison egy tiszta serpenyőbe, és visszaforraljuk. Keverje hozzá a crème fraîche-t és ízlés szerint némi fűszert.

e) Vegyük le a serpenyőt a tűzről, és keverjük bele a kagylókat, hogy rövid időre átmelegedjenek, de ne hagyjuk, hogy tovább főjenek, mint amennyi már meg is van.

PASZTERNÁK

6.Barna rizs, mandula és zöldség krokett

ÖSSZETEVŐK:

- 1½ csésze rövid szemű barna rizs
- 3½ csésze zsírtalanított alaplé
- 1 teáskanál Só
- 1 evőkanál Olaj
- ½ csésze darált zeller
- ¾ csésze reszelt paszternák
- ¾ csésze reszelt édesburgonya vagy sárgarépa
- ¾ csésze darált zöldhagyma
- ¼ csésze pörkölt és felszeletelt mandula
- ½ csésze pirított zsemlemorzsa
- ⅓ csésze apróra vágott friss petrezselyem
- 1 evőkanál csökkentett nátriumtartalmú szójaszósz
- 1 tojás, felvert

UTASÍTÁS:

a) Egy közepes serpenyőben, közepes lángon forraljuk fel a barna rizst, a zsírtalanított alaplevet és a sót. Fedjük le a serpenyőt, és csökkentsük a hőt alacsonyra. Főzzük a rizst 40-45 percig, vagy amíg az összes víz felszívódik. Hagyd hülni.

b) Egy 10 hüvelykes tapadásmentes serpenyőben közepesen magas lángon keverje össze az olajat, a darált zellert, a reszelt paszternákot és a reszelt édesburgonyát vagy sárgarépát. Főzzük és keverjük 3-5 percig, vagy amíg a zöldségek megpuhulnak, de nem barnulnak meg. Adjuk hozzá a felaprított zöldhagymát, és főzzük még 1 percig. Vegyük le a tűzről.

c) Egy nagy tálban keverjük össze a párolt zöldségeket, a pirított és szeletelt mandulát, a pirított zsemlemorzsát, az apróra vágott friss petrezselymet, a csökkentett nátriumtartalmú szójaszószt, a felvert tojást és a főtt barna rizst. Az egyenletes eloszlás érdekében mindent jól összekeverünk.

d) A keverékből 3 hüvelykes pogácsákat formázunk, kézzel formázzuk őket.

e) Mossa meg és szárítsa meg a zöldségek párolásához használt serpenyőt. Kenje be a serpenyőt tapadásmentes növényi spray-vel, és állítsa közepesen magas hőre.

f) Ha a serpenyő felforrósodott, adjuk hozzá a krokettet a serpenyőhöz. Mindkét oldalát 3-5 percig sütjük, vagy amíg aranybarna és ropogós nem lesz.

g) Vegye ki a krokettet a serpenyőből, és forrón tálalja.

7.Pulykalé Svájci mángollal és Paszternákkal

ÖSSZETEVŐK :

- 1 evőkanál repceolaj
- 1 kiló pulykacomb
- 1 sárgarépa vágva és apróra vágva
- 1 póréhagyma, apróra vágva
- 1 paszternák, apróra vágva
- 2 gerezd fokhagyma, felaprítva
- 1 ½ liter pulykaleves
- 2 csillagos ánizs hüvely
- Tengeri só, ízlés szerint
- ¼ teáskanál őrölt fekete bors, vagy több ízlés szerint
- 1 babérlevél
- 1 csokor friss thai bazsalikom
- ¼ teáskanál szárított kapor
- ½ teáskanál kurkuma por
- 2 csésze svájci mángold, darabokra tépve

UTASÍTÁS :

a) Nyomja meg a „Saute" gombot, és melegítse fel a repceolajat. Most barna pulykacombokat 2-3 percig mindkét oldalon; lefoglal.

b) Adjunk hozzá egy csepp pulykalevest, hogy a barnás darabkákat felkaparjuk az aljáról.

c) Ezután adja hozzá a sárgarépát, a póréhagymát, a paszternákot és a fokhagymát az Instant Pot-hoz. Addig pároljuk, amíg megpuhulnak.

d) Adjuk hozzá a maradék pulykalevest, csillagánizs hüvelyt, sót, fekete borsot, babérlevelet, thai bazsalikomot, kaprot és kurkumaport.

e) Rögzítse a fedelet. Válassza a „Leves" beállítást, és főzzük 30 percig. A főzés befejezése után használjon természetes nyomásoldót; óvatosan távolítsa el a fedelet.

f) Még forrón keverjük hozzá a mángoldot, hogy a levelei megfonnyadjanak. Élvezd!

8.Őszibarack És Paszternák fejjel lefelé torta

ÖSSZETEVŐK:

- 200g (lecsepegtetett tömeg) körtekonzerv lében
- 225 g (lecsapolt súly) konzerv őszibarack szelet lében
- 225 g reszelt paszternák
- 85 g szultán
- 225 g magától kelő liszt
- 2 teáskanál sütőpor
- ¼ teáskanál szódabikarbóna
- 2 teáskanál fűszerkeverék
- 100 ml növényi olaj
- 3 nagy tojás, felverve
- 1 teáskanál vanília kivonat

UTASÍTÁS:

a) A sütőt előmelegítjük 200°C-ra/légkeveréses 180°C-ra. Egy 20 cm-es kerek tortaformát kivajazunk és sütőpapírral kibéleljük. A konzerv gyümölcsöt lecsepegtetjük.

b) Egy tálban villával pépesítjük a körtét.

c) Az őszibarackszeleteket szélmalomban vagy körmintában a tortaforma aljára rendezzük úgy, hogy hagyjunk helyet közöttük, de egyenletesen osszuk el őket.

d) Egy külön tálban az összes többi hozzávalót (reszelt paszternák, szultán, magától kelő liszt, sütőpor, szódabikarbóna, fűszerkeverék, növényi olaj, felvert tojás és vaníliakivonat) fakanállal keverjük össze a pépesített körtével. alaposan összekeverjük.

e) A keveréket kanalazzuk a tortaformában lévő őszibarackra, ügyelve arra, hogy egyenletesen befedjék.

f) A süteményt 35 percig sütjük, amíg megbarnul.

g) Mielőtt kivennénk a süteményt a sütőből, egy tepsit béleljünk ki sütőpapírral.

h) Vegyük ki a süteményt a sütőből, és azonnal fordítsuk ki a bélelt tepsire, így most a barack kerül a torta tetejére. Távolítsuk el a sütőpapírt a tortáról, és tegyük vissza a sütőbe további 15 percre, amíg a tetején lévő tészta teljesen átsül.

i) Tálalás előtt kivesszük a süteményt a sütőből, és rácson hagyjuk kihűlni.

9. Garbanzo paszternák Gnocchi gránátalmával

ÖSSZETEVŐK:

- 2 csésze főtt garbanzobab (csicseriborsó), leszűrve és leöblítve
- 1 csésze főtt paszternák, pépesítve
- 1 ½ csésze univerzális liszt
- ¼ csésze tápláló élesztő (opcionális, a hozzáadott íz érdekében)
- 1 teáskanál só
- ½ teáskanál fokhagymapor
- ¼ teáskanál fekete bors
- olívaolaj (főzéshez)
- Ön által választott szósz (pl. marinara, pesto) a tálaláshoz
- Gránátalma mag (a tálaláshoz)

UTASÍTÁS:

a) Egy nagy keverőtálban keverje össze a főtt garbanzobabot és a pépesített paszternákot. Törje össze őket burgonyanyomóval vagy villával, amíg jól össze nem áll.

b) Adja hozzá a lisztet, az élesztőt (ha használ), a sót, a fokhagymaport és a fekete borsot a tálba. Jól keverjük össze, hogy tésztát kapjunk.

c) Egy tiszta felületet szórjunk meg liszttel, és tegyük rá a gnocchi tésztát. Óvatosan gyúrjuk a tésztát néhány percig, amíg sima és rugalmas nem lesz. Ügyeljen arra, hogy ne gyúrja túl.

d) A tésztát kisebb részekre osztjuk. Vegyünk egy adagot, és sodorjuk egy hosszú, körülbelül ½ hüvelyk vastag kötélré. Ismételje meg a maradék tésztával.

e) Késsel vagy padkaparóval vágja fel a köteleket kis, körülbelül 1 hüvelyk hosszúságú darabokra. Hagyhatja őket úgy, ahogy vannak, vagy használhatja a villa hátulját, hogy bordákat készítsen minden egyes darabon.

f) Forraljunk fel egy nagy fazék sós vizet. Tegye hozzá a gnocchit adagonként, ügyelve arra, hogy ne zsúfolja túl az edényt. Főzzük a gnocchit körülbelül 2-3 percig, vagy amíg fel nem úsznak a felszínre. Ha lebegnek, főzzük további 1 percig, majd vegyük ki őket egy réskanállal vagy egy szűrőszűrővel. Addig ismételjük, amíg az összes gnocchi meg nem fő.

g) Egy serpenyőben közepes lángon hevíts fel kevés olívaolajat. Egy rétegben adjuk hozzá a megfőtt gnocchit, és főzzük néhány percig, amíg enyhén megpirulnak és ropogós nem lesznek. Fordítsa meg őket, és süsse még egy-két percig. Ismételje meg a maradék gnocchival.

h) Tálalja a Garbanzo Paszternák Gnocchi-t forrón, választott szósszal, például marinarával vagy pestoval.

i) Ízlés szerint hozzáadhat reszelt parmezán sajtot, gránátalma magokat és friss fűszernövényeket is.

10.Paszternák és Sárgarépa Fritters

ÖSSZETEVŐK:

- 225 gramm paszternák; lereszelve
- 2 közepes sárgarépa; lereszelve
- 1 hagyma; lereszelve
- 3 evőkanál frissen vágott metélőhagyma
- Só és frissen őrölt fekete bors
- 2 közepes tojás
- ½ csomag sertéskolbász
- 100 gramm Strong Cheddar sajt
- 40 gramm sima liszt
- 2 evőkanál frissen vágott petrezselyem

UTASÍTÁS:

a) Keverje össze a paszternákot, a sárgarépát, a hagymát, a metélőhagymát, a fűszereket és egy tojást, amíg jól el nem keveredik. Négy részre osztjuk, durva palacsintává lapítjuk.

b) Melegítsen fel egy nagy serpenyőt, és süsse 10 percig a kolbászt, időnként fordítsa meg aranybarnára.

c) Közben a palacsintákat beletesszük a serpenyőbe, és mindkét oldalukat 3 perc alatt aranybarnára sütjük

d) Keverje össze a többi hozzávalót kemény masszává, és tekerje nagy hasáb alakúra. Szeleteld négyfelé.

e) A kolbászt feldaraboljuk, és a rántások között elosztjuk. Mindegyik tetejére egy-egy sajtszeletet teszünk.

f) Tedd az előmelegített grill alá, és süsd 5-8 percig, amíg fel nem olvad.

g) Azonnal tálaljuk metélőhagymával és chutneyval díszítve.

11.Paszternák téli leves

ÖSSZETEVŐK:

- 1½ csésze sárgahagyma – vékonyra szeletelve
- 1 csésze zeller – vékonyra szeletelve
- 16 uncia zöldségleves
- 3 csésze bébispenót
- 4 csésze kockára vágott paszternák, meghámozva és felkockázva
- 1 evőkanál kókuszolaj
- ½ csésze kókusztej

UTASÍTÁS:

a) H együnk olajat egy nagy serpenyőben mérsékelt lángon, és főzzük meg a hagymát és a zellert.
b) Adjuk hozzá a paszternákot és a húslevest, és forraljuk fel.
c) Csökkentse a hőt alacsonyra, és fedje le 20 percig.
d) Adjuk hozzá a spenótot, keverjük jól össze, vegyük le a tűzről, és egy turmixgépben adagonként pürésítsük simára a levest.
e) Hozzáadjuk a kókusztejet és azonnal tálaljuk.

SVÉD KARÓRÉPA

12.Grill tészták

ÖSSZETEVŐK:
- 4 fagyasztott pitehéj; kiolvadt
- 1¼ font Húzott sertéshús
- 4 mérsékelt s Burgonya; felkockázva
- 1 nagy hagyma; felkockázva
- ¼ csésze Rutabaga; felkockázva
- 1 Sárgarépa kockára vágva
- ½ evőkanál zsálya
- ½ evőkanál kakukkfű
- Só, bors

UTASÍTÁS:
a) Keverje össze az összes hozzávalót, és tegye a ¼-et mindegyik pitehéjba. fedje át a tésztát a töltelékre, hogy töredékes hold alakú pitéket készítsen.
b) Zárd le a széleket, és vágj a tetejére néhány apró résnyit.
c) grillezzük.

13.R utabaga burgonyapörkölt

ÖSSZETEVŐK:

- 1 kiló sovány darált marhahús
- 1 hagyma, apróra vágva
- 4 szár zeller, apróra vágva
- 3/4 csésze ketchup
- 7 csésze víz
- 1/2 csésze bébi sárgarépa
- 1 kis rutabaga, apróra vágva
- 4 nagy burgonya, apróra vágva
- 1 kis fejes káposzta, apróra vágva

UTASÍTÁS:

a) Egy serpenyőben keverjük össze és főzzük közepes lángon a zellert, a hagymát és a hamburgert, amíg a hús megpirul. Engedje le a felesleges zsírt.

b) Keverje hozzá a burgonyát, a rutabagát, a sárgarépát, a vizet és a ketchupot. Forraljuk fel.

c) 20 percig lassú tűzön pároljuk.

d) Belekeverjük az apróra vágott káposztát. Pároljuk, amíg a zöldségek megpuhulnak 30-45 percig.

14.Gyökérzöldség marhapörkölt

ÖSSZETEVŐK:

- 1 font sovány darált marhahús (90%-os sovány)
- 1 közepes hagyma, apróra vágva
- 2 doboz (egyenként 14-1/2 uncia) csökkentett nátriumtartalmú marhahúsleves
- 1 közepes édesburgonya, meghámozva és felkockázva
- 1 csésze kockára vágott sárgarépa
- 1 csésze kockára vágott hámozott rutabaga
- 1 csésze kockára vágott hámozott paszternák
- 1 csésze kockára vágott hámozott burgonya
- 2 evőkanál paradicsompüré
- 1 teáskanál Worcestershire szósz
- 1/2 teáskanál szárított kakukkfű
- 1/4 teáskanál só
- 1/4 teáskanál bors
- 1 evőkanál kukoricakeményítő
- 2 evőkanál vizet

UTASÍTÁS:

a) Egy nagy vízforralóban vagy a holland sütőben főzzük a hagymát és a marhahúst közepes lángon, amíg rózsaszínű nem marad; majd lecsepegtetjük.

b) Adjunk hozzá borsot, sót, kakukkfüvet, Worcestershire szószt, paradicsompürét, zöldségeket és húslevest. Hagyjuk felforrni. Alacsonyabb hő; lefedve pároljuk 30-40 percig, amíg a zöldségek megpuhulnak.

c) Egy apró tálban keverje össze a vizet és a kukoricakeményítőt simára; keverjük a pörkölthöz. Forraljuk fel; főzzük és keverjük 2 percig, amíg besűrűsödik.

15.Pulykakolbász gyökérzöldségekkel

ÖSSZETEVŐK:
- 1 csomag (14 uncia) füstölt pulyka kielbasa, 1/2 hüvelykes darabokra vágva
- 1 közepes vöröshagyma, apróra vágva
- 1 csésze kockára vágott hámozott rutabaga
- 1 csésze szeletelt sárgarépa
- 1 teáskanál repceolaj
- 4 csésze kockára vágott hámozott burgonya
- 1 doboz (14-3/4 uncia) csökkentett nátriumtartalmú csirkehúsleves
- 1 teáskanál szárított kakukkfű
- 1/4 teáskanál dörzsölt zsálya
- 1/4 teáskanál bors
- 1 babérlevél
- 1/2 közepes fejes káposzta, 6 szeletre vágva
- 1 teáskanál univerzális liszt
- 1 evőkanál vizet
- 1 evőkanál darált friss petrezselyem
- 2 teáskanál almaecet

UTASÍTÁS:
a) Süsd a sárgarépát, a rutabagát, a hagymát és a kolbászt egy holland sütőben olajon, amíg a hagyma megpuhul, vagy körülbelül 5 percig. Tedd bele a babérlevelet, a borsot, a zsályát, a kakukkfüvet, a húslevest és a burgonyát. Forraljuk fel. A tetejére a káposzta szeleteket. Csökkentse a hőt, és párolja lefedve, amíg a káposzta és a burgonya megpuhul, vagy körülbelül 20-25 percig.
b) Óvatosan helyezze át a káposztát egy sekély tálba; majd tartsd melegen. Távolítsa el a babérlevelet. Keverjük össze a vizet és a lisztet, amíg nem lesznek
c) sima; keverjük a kolbászos keverékhez. Forraljuk fel és kevergetve főzzük addig, amíg besűrűsödik, vagy körülbelül 2 percig. Keverjük hozzá az ecetet és a petrezselymet. Egy kanál segítségével adjuk a káposzta tetejére.

16. Gazdag magyar gulyásleves

ÖSSZETEVŐK:

- 1-1/4 kiló marhapörkölt hús, 1 hüvelykes kockákra vágva
- 2 evőkanál olívaolaj, osztva
- 4 közepes hagyma, apróra vágva
- 6 gerezd fokhagyma, darálva
- 2 teáskanál paprika
- 1/2 teáskanál kömény, összetörve
- 1/2 teáskanál bors
- 1/4 teáskanál cayenne bors
- 1 teáskanál sómentes fűszerkeverék
- 2 doboz (egyenként 14-1/2 uncia) csökkentett nátriumtartalmú marhahúsleves
- 2 csésze kockára vágott hámozott burgonya
- 2 csésze szeletelt sárgarépa
- 2 csésze kockára vágott hámozott rutabaga
- 2 doboz (egyenként 28 uncia) kockára vágott paradicsom, ki nem csöpögtetve
- 1 nagy édes pirospaprika apróra vágva
- 1 csésze (8 uncia) zsírmentes tejföl

UTASÍTÁS:

a) Holland sütőben barna marhahúst 1 evőkanál olajban közepes lángon. Vegye ki a marhahúst; engedje le a csepegést.

b) Ezután melegítse fel a maradék olajat ugyanabban a serpenyőben; A fokhagymát és a hagymát közepes lángon 8-10 perc alatt enyhén megpirítjuk. Adjuk hozzá a fűszerkeveréket, a cayenne-t, a borsot, a köményt és a paprikát; főzzük és keverjük egy percig.

c) Tegye vissza a marhahúst a serpenyőbe. Adjunk hozzá rutabagát, sárgarépát, burgonyát és húslevest; felforral. Ezután alacsonyabb hőfokon; lefedjük és 1 1/2-ig pároljuk

d) órát, vagy amíg a hús majdnem megpuhul, a zöldségek pedig megpuhulnak.

e) Tedd bele a pirospaprikát és a paradicsomot; forraljuk vissza. Ezután csökkentse a hőt; lefedve pároljuk még 30-40 percig, vagy amíg a hús és a zöldek megpuhulnak. Tejföllel ízesítjük.

17.Hajdina Sütés gyökérzöldségekkel

ÖSSZETEVŐK:

- Olívaolaj főző spray
- 2 nagy burgonya, felkockázva
- 2 sárgarépa, szeletelve
- 1 kis rutabaga, kockára vágva
- 2 zellerszár, apróra vágva
- ½ teáskanál füstölt paprika
- ¼ csésze plusz 1 evőkanál olívaolaj, osztva
- 2 szál rozmaring
- 1 csésze hajdina dara
- 2 csésze zöldségleves
- 2 gerezd fokhagyma, felaprítva
- ½ sárgahagyma, apróra vágva
- 1 teáskanál só

UTASÍTÁS:

a) Melegítse elő a légsütőt 380°F-ra. Egy 5 csésze kapacitású rakott edény belsejét vékonyan kenje be olívaolajos főzőpermettel. (A rakott edény formája a légsütő méretétől függ, de legalább 5 csészét kell beleférnie.)

b) Egy nagy tálban dobja fel a burgonyát, a sárgarépát, a rutabagát és a zellert a paprikával és ¼ csésze olívaolajjal.

c) Öntsük a zöldségkeveréket az elkészített rakott edénybe, és tegyük rá a rozmaringágakat. Helyezze a tepsit a légsütőbe, és süsse 15 percig.

d) Amíg a zöldségek főnek, öblítsük le és csepegtessük le a hajdina darát.

e) Egy közepes serpenyőben, közepes lángon keverje össze a darát, a zöldséglevest, a fokhagymát, a hagymát és a sót a maradék 1 evőkanál olívaolajjal. Forraljuk fel a keveréket, majd csökkentsük a hőt alacsonyra, fedjük le, és főzzük 10-12 percig.

f) Vegye ki a rakott edényt a légsütőből. Távolítsa el a rozmaringágakat, és dobja ki. Öntsük a főtt hajdinát a zöldségekkel együtt az edénybe, és keverjük össze. Alufóliával letakarjuk és további 15 percig sütjük.

g) Tálalás előtt keverjük meg.

18.Tengeri sügér sült gyökérzöldségekkel

ÖSSZETEVŐK:

- 1 sárgarépa apróra vágva
- 1 paszternák apróra vágva
- 1 rutabaga, apróra vágva
- ¼ csésze olívaolaj
- 2 teáskanál só, osztva
- 4 tengeri sügér filé
- ½ teáskanál hagymapor
- 2 gerezd fokhagyma, felaprítva
- 1 citrom szeletelve, plusz további szeletek a tálaláshoz

UTASÍTÁS:

a) Melegítse elő a légsütőt 380°F-ra.
b) Egy kis tálban dobd fel a sárgarépát, a paszternákot és a rutabagát olívaolajjal és 1 teáskanál sóval.
c) Finoman fűszerezze a tengeri sügért a maradék 1 teáskanál sóval és a hagymaporral, majd helyezze egy rétegben a légsütő kosárba.
d) Mindegyik filé tetejére szórjuk a fokhagymát, majd borítsuk be citromszeletekkel.
e) Öntse az előkészített zöldségeket a kosárba a hal köré és a tetejére. 15 percig sütjük.
f) Ízlés szerint további citromkarikákkal tálaljuk.

19.Ragadozó marhapörkölt gyökérzöldségekkel

ÖSSZETEVŐK:

- 2 kg marhapörkölt hús
- 1/3 csésze univerzális liszt
- Csipetnyi finom tengeri sót
- 3 evőkanál állati zsír
- 3 csésze marhahúsleves osztva
- 6 francia medvehagyma meghámozva és félbevágva
- 2 kis hagyma meghámozva, 8 felé vágva
- 2 gerezd fokhagyma aprítva
- 1 font rutabaga meghámozva és 1 hüvelykes kockákra vágva
- 3 közepes sárgarépa meghámozva és érmékre vágva
- 1 teáskanál dijoni mustár

UTASÍTÁS:

a) Melegítsük elő a sütőt 275°F-ra.
b) A liszthez keverjünk 1 teáskanál finom tengeri sót. Szórjon 4 evőkanál fűszerezett lisztet a marhahúsra, és alaposan dobja bele a marhahúst a lisztbe.
c) Közepes lángon felolvasztunk 1 evőkanál állati zsírt egy nagy holland sütőben.
d) Adjuk hozzá a marhahúst, és pirítsuk meg a húst mindenütt csipesszel megforgatva. Félretesz, mellőz.
e) Öntsön körülbelül 1/2 csésze marhahúslevet a serpenyőbe, hogy lecsepegjen; kaparja meg az alját, hogy az összes megbarnult darab felkerüljön. Ezzel a mártással ráöntjük a pirított marhahúst.
f) Tedd át egy tálba.
g) Közepes lángon felolvasztunk egy evőkanál állati zsírt az edényben. Dobd bele a medvehagymát és a hagymát.
h) Pároljuk 2 percig, majd adjuk hozzá a fokhagymát; hozzáadjuk a rutabagát, a sárgarépát is. 3-4 percig pároljuk, amíg a zöldségek a széle körül megpuhulnak.
i) A maradék fűszeres lisztet szórjuk a zöldségekre (kb. 2 evőkanál), és jól keverjük el, hogy bevonja.
j) Körülbelül egy percig főzzük, majd felöntjük a maradék marhahúslével.

k) Tegye vissza a marhahúst és az összes levet az edénybe. Add hozzá Dijont. Jól keverjük össze. Fedjük le az edényt szorosan záródó fedéllel, és tegyük be a sütőbe.

l) Lassan pároljuk a pörköltet 3 órán keresztül. Vegyük le a fedőt, és főzzük további egy órán át. Tálalás előtt körülbelül 15 percig hagyjuk hűlni a pörköltet.

m) Burgonyapürével tálaljuk.

20.Tápióka leves és őszi zöldségek

ÖSSZETEVŐK:
- 3 csésze zöldségleves
- 1 szál rozmaring
- 4 levél zsálya
- 1 narancs, leve és reszelt héja
- 1 kis rutabaga julienne-re vágva
- 3 sárgarépa, szeletelve
- 1 édesburgonya, meghámozva, hosszában felvágva és felszeletelve
- 10 retek negyedelve
- 2 csésze (500 ml) szójatej
- 1 teáskanál (5 ml) curry por
- 1 teáskanál őrölt gyömbér
- 1/2 teáskanál őrölt kurkuma
- 1/4 csésze nagy tápióka gyöngy
- 1/2 vöröshagyma, apróra vágva
- 1 evőkanál apróra vágott lapos petrezselyem
- 1 evőkanál tökmag

UTASÍTÁS:
a) A zöldséglevest felforrósítjuk a rozmaringgal, a zsályával és a narancslével.
b) Forrald fel, és add hozzá a rutabagát, a sárgarépát, az édesburgonyát és a retket. Kb. 15 percig főzzük. Félretesz, mellőz.
c) Egy másik serpenyőben melegítsük fel a szójatejet a curryvel, a gyömbérrel és a kurkumával.
d) Pároljuk, szórjuk bele a tápiókát, és főzzük 20 percig, vagy amíg a tápióka áttetszővé nem válik.
e) A húslevest felforrósítjuk a zöldségekkel, kivesszük a rozmaringot és a zsályát, majd az utolsó pillanatban hozzáadjuk a tápióka keveréket, a narancshéjat, a hagymát, a tökmagot és a petrezselymet.

21.Fermentált Aprított saláta Rutabaga

ÖSSZETEVŐK:
- 1 retek, apróra vágva
- ½ kis hagyma, apróra vágva
- 1 fehérrépa ½ hüvelykes kockákra vágva
- 1 sárgarépa, fél hüvelykes kockákra vágva
- 3 kis alma, fél hüvelykes kockákra vágva
- Maréknyi zöldbab, 1 hüvelyk hosszúságúra vágva
- 1 rutabaga, fél hüvelykes kockákra vágva
- 1-2 szőlőlevél, kelkáposztalevél vagy más nagy leveles zöldek (opcionális)
- 3 evőkanál finomítatlan finom tengeri só vagy 6 evőkanál finomítatlan durva tengeri só
- 1 liter (vagy liter) szűrt víz

UTASÍTÁS:
a) Egy közepes tálban dobd össze a retket, a hagymát, a fehérrépát, a sárgarépát, az almát, a zöldbabot és a rutabagát; áttesszük egy kis edénybe.

b) összetevők tetejére, hogy segítsen a sóoldat alatt tartani őket, és mérje le élelmiszer-biztonsági súlyokkal vagy egy üveg vagy tál vízzel.

c) Egy kancsóban vagy nagy mérőedényben oldjuk fel a sót a vízben, szükség esetén keverjük meg, hogy elősegítsük a só oldódását. Öntse a sóoldatot a salátára, fedje le fedővel vagy ruhával, és hagyja erjedni egy hétig.

d) Távolítsa el a súlyokat, távolítsa el és dobja ki a szőlőleveleket vagy más leveles zöldeket. Tegyük üvegekbe vagy tálba, fedjük le, és tegyük hűtőbe, ahol a salátának hat hónaptól egy évig kell eltartania.

22.Őszi csirke és gyökérzöldséglé

ÖSSZETEVŐK:
- 1 csomag Krémleves alap, elkészítve
- 1 font csirkemell, csont nélkül, bőr nélkül
- ¼ csésze citromlé
- 4 ea. Gerezd fokhagyma, összetörve
- ¼ csésze olívaolaj
- 8 oz. Hagyma, kockára vágva
- 8 oz. Édes burgonya, meghámozva és felkockázva
- 4 oz. Paszternák, meghámozva és felkockázva
- 4 oz. Sárgarépa, meghámozva és kockára vágva
- 4 oz. Rutabaga, meghámozva és felkockázva
- 4 oz. Fehérrépa, meghámozva és felkockázva
- 2 ea. Gerezd fokhagyma, darálva
- 3 csésze csirke alap, elkészítve
- ¼ csésze zsálya, frissen, apróra vágva
- Igény szerint kóser só és tört bors
- Igény szerint Baby Rukkola, rántva (opcionális)

UTASÍTÁS:

a) Készítse elő a krémleves alapot a csomagoláson található utasítások szerint.

b) A csirkemellet, a citromlevet, a fokhagymát és az olívaolajat egy cipzáras zacskóba tesszük, és hűtőben 1 órán át pácoljuk.

c) Melegítse elő a légkeveréses sütőt 375 °F-ra. A lecsepegtetett csirkemellet sütőpapírral bélelt tepsire tesszük, sózzuk, borsozzuk. Süssük oldalanként 12 percig, vagy amíg a belső hőmérséklet el nem éri a 165°F-ot. Hűtsük le és húzzuk ki a csirkét.

d) A vajat külön edényben felolvasztjuk. Adjuk hozzá a hagymát, az édesburgonyát, a paszternákot, a sárgarépát, a rutabagát és a fehérrépát. Addig főzzük, amíg a hagyma áttetsző lesz.

e) Adjuk hozzá az elkészített csirkealapot a zöldségkeverékhez, forraljuk fel, csökkentsük a hőt, és pároljuk, amíg a zöldségek megpuhulnak.

f) Hozzáadjuk az elkészített krémleves alapot, a kihúzott csirkét és az apróra vágott zsályát. Közepes lángra tesszük, és addig főzzük, amíg a Chowder el nem éri a 165°F-ot. Tartsa a szervizt.

g) Ízlés szerint fűszerezzük, és tetszés szerint gyorssült rukkolával díszítjük.

23.Őszi Fesztivál Pulykalé

ÖSSZETEVŐK:
- 2,5 oz. Vaj
- 12,5 oz. Hagyma, fehér, kockára vágva
- 12,5 oz. Paszternák, meghámozva, kockára vágva
- 12,5 oz. Fehérrépa, meghámozva, kockára vágva
- 12,5 oz. Rutabaga, hámozott, kockára vágva
- 12,5 oz. Sárgarépa, meghámozva, kockára vágva
- 12,5 oz. Édesburgonya, meghámozva, kockára vágva
- 2,5 qts. Törökország bázis
- 1 ea. Krémleves alap, 25,22 oz. táska, előkészítve
- 40 oz. Pulykamell, sült, kockára vágva
- ½ csésze zsálya, frissen, apróra vágva
- Szükség szerint kóser só
- Igény szerint Törött bors
- Igény szerint Cheddar sajt, reszelve

UTASÍTÁS:
a) Egy nagy fazékban közepes lángon olvasszuk fel a vajat. 10 percig pároljuk a hagymát, a paszternákot, a fehérrépát, a rutabagát, a sárgarépát és az édesburgonyát.

b) Adjuk hozzá a pulykalapot a zöldségkeverékhez, forraljuk fel, csökkentsük a hőt, és pároljuk, amíg a zöldségek megpuhulnak, körülbelül 20 percig.

c) Adjuk hozzá a krémleves alapot, a pulykát és a zsályát. Keverjük össze, pároljuk 30 percig, vagy amíg át nem melegszik. Kóstoljuk meg és állítsuk be a fűszereket.

d) Cheddar sajttal díszítjük.

24. Bárány- és Gyökérzöldségleves

ÖSSZETEVŐK:

- 1 kg báránypörkölt hús, kockára vágva
- 1 hagyma, felkockázva
- 2 gerezd fokhagyma, felaprítva
- 2 csésze csirkehúsleves
- 1 csésze kockára vágott paszternák
- 1 csésze kockára vágott rutabaga
- 1 csésze kockára vágott sárgarépa
- 1 csésze kockára vágott burgonya
- 1 tk. kakukkfű
- Só, bors
- Olivaolaj

UTASÍTÁS:

a) Egy nagy fazékban vagy holland sütőben hevíts fel egy kevés olívaolajat közepesen magas lángon.
b) Hozzáadjuk a bárányhúst, és minden oldalról barnára sütjük.
c) Vágjuk ki a bárányt egy lyukas kanállal, és tegyük félre.
d) Adjuk hozzá a hagymát és a fokhagymát az edényhez, és főzzük, amíg megpuhul, körülbelül 5 percig.
e) Adjuk hozzá a csirkelevest, a paszternákot, a rutabagát, a sárgarépát, a burgonyát és a kakukkfüvet, és forraljuk fel.
f) Csökkentse a hőt, és párolja 45-50 percig, vagy amíg a zöldségek megpuhulnak.
g) Tegyük vissza a bárányt az edénybe, és főzzük még 5-10 percig, vagy amíg át nem melegszik.
h) Ízlés szerint sózzuk, borsozzuk, és forrón tálaljuk.

25.Ökörfarkú leves Rutabagával

ÖSSZETEVŐK:

- 3 ½ font Oxtails
- 3 babérlevél
- 1 zellerszár, apróra vágva
- 2 csésze zöldbab
- 1 rutabaga, felkockázva
- 14 uncia konzerv kockára vágott paradicsom
- ¼ csésze Ghee
- 1 kakukkfű ág
- 1 rozmaring ág
- 2 póréhagyma, szeletelve
- 2 ½ liter víz
- 2 evőkanál. Citromlé
- ¼ teáskanál őrölt szegfűszeg
- Só és bors, ízlés szerint

UTASÍTÁS:

a) Olvassa el a ghee-t az IP-címében a SAUTE-n.
b) Hozzáadjuk az ökörfarkokat, és barnára sütjük. Lehet, hogy itt kötegekben kell dolgoznia.
c) Felöntjük vízzel, és hozzáadjuk a kakukkfüves rozmaringot, a babérlevelet és a szegfűszeget.
d) Főzzük HIGH-on 1 órán keresztül.
e) Végezzen természetes nyomáscsökkentést.
f) Távolítsa el a húst az IP-ről, és vágódeszkán aprítsa fel.
g) Adja hozzá a rutabagát és a póréhagymát az edényhez, és zárja le a fedőt.
h) Főzzük HIGH-on 5 percig.
i) Adjuk hozzá a maradék zöldségeket, és főzzük még 7 percig.
j) Adjuk hozzá a húst, és zárjuk le újra.
k) Főzzük HIGH-on 2 percig.
l) Hozzákeverjük a citromlevet, és sóval, borssal ízesítjük.
m) Tálald és élvezd!

26. Begedil burgonya pogácsa

ÖSSZETEVŐK:

- Svéd karórépa
- Karfiol
- 2 kis mogyoróhagyma
- evőkanál. Darált marhahús
- 1 evőkanál. apróra vágott zellerlevél
- 1 evőkanál. apróra vágott zöldhagyma
- 1/2 tk. Fehér bors (vagy fekete bors)
- 1/4 tk. Só
- 1 nagy tojás (csak keveset használunk)
- 4 evőkanál. Kókuszolaj

UTASÍTÁS:

a) Szelet 5 oz. A rutabagát apróra vágjuk, és 1 evőkanál barnára sütjük. Kókuszolaj.
b) Mozsártörővel puhára verjük a megsült Rutabagát. Alternatív megoldásként használjon konyhai robotgépet. Ha kész, tegyük félre.
c) Mikrohullámú sütő 5 oz. A karfiolt puhára vágjuk, és mozsártörővel (vagy konyhai robotgéppel) dörzsöljük.
d) Vékonyan szeletelj fel 2 mogyoróhagymát. Kis és sekély wokkal (mélyebb olaj létrehozásához, de csak keveset használunk) és 1 evőkanál. Kókuszolajban süssük barnára és ropogósra, de ne égjen meg. Félretesz, mellőz.
e) Ugyanezzel az olajjal 4 ek. Darált marhahús barnáig. Ízlés szerint sóval és borssal ízesítjük.
f) Egy tálban adjunk hozzá feltört rutabagát és karfiolt, sült mogyoróhagymát, főtt darált marhahúst, 1 evőkanál. zellerlevél és zöldhagyma, 1/2 tk. Fehér bors (vagy fekete bors) és 1/4 só. Jól összekeverni.
g) Körülbelül 1 evőkanál kanalat. a keverékből, és kis pogácsát formázunk. Összesen 10 pogácsát készítettem.
h) Verjünk fel 1 tojást egy másik tálban, és vonjuk be minden pogácsát, de ne teljesen (mindegyet sütés előtt).
i) A pogácsákat adagonként kókuszolajon barnára sütjük. 2 evőkanál használtam. Ehhez összesen kókuszolaj (két tétel, egyenként 1 evőkanál).

j) Pörkölttel vagy önmagában tálaljuk

27.Szüret Zöldség és Quinoa

ÖSSZETEVŐK:

- 1½ csésze quinoa
- 4 csésze Víz
- ½ teáskanál Só
- 1 közepes fehérrépa; meghámozzuk és felkockázzuk
- 4 közepes sárgarépa
- 1 kis Rutabaga; meghámozzuk és felkockázzuk
- 1 csésze hámozott kockára vágott vajtök
- 1 teáskanál olívaolaj
- 1 kis sárga hagyma; felkockázva
- 1 nagy gerezd fokhagyma; darált
- ¼ csésze apróra vágott friss zsályalevél
- Só és fehér bors

UTASÍTÁS:

a) Egy közepes serpenyőben keverje össze az öblített quinoát vízzel és sóval. Forraljuk fel, majd lefedve pároljuk, amíg éppen meg nem fő (kb. 10 perc). Lecsepegtetjük, hideg vízzel leöblítjük és félretesszük.

b) Keverje össze a fehérrépát, a sárgarépát, a rutabagát és a tököt egy nagy edényben zöldségpárolóval. Pároljuk a zöldségeket 7-10 percig, vagy amíg megpuhulnak

c) Egy nagy, tapadásmentes serpenyőben pirítsd meg a hagymát és a fokhagymát olajon, amíg a hagyma megpuhul, körülbelül 4 percig. Keverje hozzá a zsályaleveleket, és főzze 1-2 percig, amíg a zsálya enyhén megpirul és illatos lesz.

d) Tegye a quinoát és a zöldségeket a serpenyőbe, és jól keverje össze. Ízlés szerint sózzuk, borsozzuk, ha szükséges átforrósítjuk, és forrón tálaljuk.

28.Klasszikus Pot-Au-Feu

ÖSSZETEVŐK:
- 2 evőkanál olívaolaj
- ½ teáskanál fekete bors
- 4 zellerszár, felkockázva
- 4 sárgarépa, meghámozva és felkockázva
- 4 Yukon Gold burgonya, kockára vágva
- 4½ csésze víz
- 1 fej fokhagyma, keresztben félbevágva
- 1¾ teáskanál kóser só
- 5 szál friss kakukkfű
- 2 kiló tokmány sült, kicsontozva és levágva
- 3 babérlevél
- 2 póréhagyma, hosszában félbevágva
- 1 rutabaga, kockára vágva
- ¼ csésze Fraiche krém
- 1½ font csontos marhahús rövid bordák, vágva
- 2 evőkanál vékonyra szeletelt friss metélőhagyma
- Cornichons
- dijoni mustár
- Elkészített torma

UTASÍTÁS:
a) Melegítsünk fel egy tapadásmentes serpenyőt mérsékelt lángon. A sült olajban forró serpenyőben, minden oldalról barnára sütjük 5 percig.
b) Ízesítsük jól sóval, borssal.
c) Helyezze a sültet egy 6 literes lassú tűzhelyre.
d) Adjuk hozzá a bordákat a forró serpenyőben lefoglalt csepegtetőhöz, és süssük minden oldalról barnára 6 percig.
e) Tegye át a bordákat a lassú tűzhelybe, a csöpögést tartsa a serpenyőben. Adjunk hozzá kakukkfüvet, babérlevelet, fokhagymát és vizet a forró serpenyőben lefoglalt csepegtetőhöz, kevergetve lazítsuk el a megbarnult darabokat a serpenyő aljáról; öntsük a Slow Cookerbe.
f) Lassan főzzük 5 órán keresztül.

g) Keverje hozzá a rutabagát, a póréhagymát, a zellert, a burgonyát, a sárgarépát és a rutabagát. Lassú főzés, körülbelül 3 óra.

h) dobja ki a fokhagymát, a kakukkfű gallyakat és a babérlevelet.

i) Szeleteljük fel a sültet, és bordás hússal, póréhagyma felével, zellerrel, burgonyával, sárgarépával és rutabagával tálaljuk egy tálra.

j) Öntsük le a kívánt mennyiségű főzőfolyadékkal, és tálaljuk a crème fraîche-val, metélőhagymával, cornichonnal, dijoni mustárral, tormával és a maradék főzőfolyadékkal.

29.Sajtos szalonna falatok

ÖSSZETEVŐK:

- 1/2 kiló rutabaga, lereszelve
- 4 szelet húsos bacon, apróra vágva
- 7 uncia Gruyère sajt, aprítva
- 3 tojás, felvert
- 3 evőkanál mandulaliszt
- 1 teáskanál granulált fokhagyma
- 1 teáskanál medvehagyma por
- Tengeri só és őrölt fekete bors, ízlés szerint

UTASÍTÁS:

a) Adjon hozzá 1 csésze vizet és egy fém szegélyt az Instant Pothoz.

b) Keverje össze az összes fenti összetevőt, amíg minden jól el nem keveredik.

c) Helyezze a keveréket egy szilikon hüvelyes tálcába, amelyet előzőleg tapadásmentes főzőspray-vel kikent. Fedje le a tálcát alufóliával, és engedje le a tálcára.

d) Rögzítse a fedelet. Válassza a „Kézi" módot és az Alacsony nyomást; 5 percig főzzük. A főzés befejezése után használjon gyors nyomásoldót; óvatosan vegyük le a fedőt. Jó étvágyat!

RÉPA

30.Fehérrépa és hagyma rakott

ÖSSZETEVŐK:

- 2½ font. sárga fehérrépa vagy rutabaga (körülbelül 8 csésze kockára vágva)
- ⅔ csésze finomra vágott zsíros és sovány friss sertéshús vagy sertéshús; vagy 3 ek vaj vagy étolaj
- ⅔ csésze finomra vágott hagyma
- 1 ek liszt
- ¾ csésze marhahúsleves
- ¼ teáskanál zsálya
- Só, bors
- 2-3 ek frissen darált petrezselyem

UTASÍTÁS:

a) Hámozza meg a fehérrépát, vágja negyedekre, majd ½ hüvelykes szeletekre; vágjuk a szeleteket ½ hüvelykes csíkokra, a csíkokat pedig ½ hüvelykes kockákra. Forrásban lévő sós vízbe tesszük, és fedő nélkül 3-5 percig, vagy enyhén puhára főzzük. Csatorna.

b) Ha sertéshúst használ, lassan pároljuk egy 3 literes serpenyőben, amíg nagyon enyhén megpirul; ellenkező esetben a serpenyőbe adjuk a vajat vagy az olajat. Keverje hozzá a hagymát, fedje le, és pirítsa meg lassan 5 percig. Belekeverjük a lisztet és lassan 2 percig főzzük.

c) Levesszük a tűzről, beleütjük a húslevest, visszatesszük a tűzre, és lassú tűzön felforraljuk. Hozzáadjuk a zsályát, majd beleforgatjuk a karalábét. Ízlés szerint sózzuk, borsozzuk.

d) Fedjük le a serpenyőt, és lassú tűzön pároljuk 20-30 percig, vagy amíg a fehérrépa megpuhul.

e) Ha a szósz túl folyékony, fedje le, és lassan forralja néhány percig, amíg a folyadék lecsökken és besűrűsödik. Helyes fűszerezés. (Előre is főzhető. Fedő nélkül hűtsük le; tálalás előtt fedjük le és pároljuk pár pillanatig.)

f) Tálaláskor beleforgatjuk a petrezselymet, és forró tálalótálba forgatjuk.

31. Bűvész fehérrépa bor

ÖSSZETEVŐK:

- 6 font fehérrépa vagy rutabaga
- 1 gallon víz
- 2½ font. cukor vagy 3 kg. édesem
- 3 narancs héja és leve
- 2 nagy citrom leve és héja vagy 3 tk. sav keverék
- 1 tk. élesztő tápanyag
- ¼ tk. csersav
- 1 Campden tabletta, összetörve (opcionális)
- ½ tk. pektin enzim
- 1 csomag pezsgő vagy sherry élesztő

UTASÍTÁS:

a) A fehérrépát jól megdörzsöljük, levágjuk a tetejét és a gyökérvégeket. Vágjuk fel vagy szeleteljük fel őket hideg vízbe, majd melegítsük fel. 45 percig pároljuk, ne forraljuk.

b) Távolítsa el a citrusfélék héját (nincs fehér maghéj), és nyomja ki a levét. Helyezze a héjat egy kis nylon szűrőzsákba az elsődleges fermentor aljába.

c) Szűrd le a fehérrépát (és a szemes borsot, ha használtad) a vízből. A paszternákot használhatod étkezésre, ha úgy döntesz.

d) Távolítson el körülbelül egy liter vizet, hogy később öntse vissza, ha nincs elég. Nehéz megmondani, mennyit veszít a gőzben főzés közben. Adjuk hozzá a cukrot vagy a mézet, és pároljuk, amíg a cukor fel nem oldódik. Ha mézet használ, forralja 10-15 percig, keverés közben, és távolítsa el a habot.

e) Öntse a forró vizet egy fertőtlenített elsődleges fermentorba a héjra. Adjuk hozzá a gyümölcsleveket. (Ha szeretné, tartalékolhat egy kis narancsléből és extra növényi vízből, hogy később elkezdhesse az élesztőt.) Ellenőrizze, hogy van-e egy gallon must. Ha nem, pótoljuk a fenntartott vízzel.

f) Adjon hozzá élesztőtápanyagot, tannint és savkeveréket, ha nem használt citromot. Fedje le, és rögzítse a légzárat. Hagyja kihűlni a mustot, és adja hozzá a Campden tablettát, ha úgy dönt, hogy használja. Tizenkét órával a Campden tabletta bevétele után adjuk hozzá a pektin enzimet. Ha nem használja a tablettát, csak várja meg, amíg a must lehűl a pektinenzim hozzáadásához. Huszonnégy órával később ellenőrizze a PA-t, és adja hozzá az élesztőt.

g) Naponta keverjük. Körülbelül két hét múlva ellenőrizze a PA-t. Emelje ki a héjas zacskót, és hagyja visszafolyni a tartályba. Ne nyomja össze. Dobd el a héját. Hagyja leülepedni a bort, és tegye egy másodlagos fermentorba.

h) Dögös és légzárral felszerelt. Ha szükséges, állítsa be a következő hat hónapban. Ellenőrizze a PA-t. Amikor kierjedt, palackozzuk. Ezt a bort jobban szeretem szárazon. Palackozás előtt édesítheti a bort, ha stabilizátort és gallononként 2-4 uncia cukorszirupot ad hozzá.

32.Hálaadás párolt fehérrépa

ÖSSZETEVŐK:

- ½ kiló fehérrépa, meghámozva és szeletekre vágva
- 2 T evőkanál paradicsompüré
- 2 evőkanál vegán vaj
- 1 hagyma, meghámozva és felkockázva
- 1 teáskanál szárított kakukkfű
- 1 sárgarépa, meghámozva és felkockázva
- 1 babérlevél
- 2 szár zeller, felkockázva
- Só, bors
- 1½ csésze alaplé vagy víz
- 2 evőkanál vegán vaj, lágyítva
- 1 T evőkanál liszt

UTASÍTÁS:

a) Egy serpenyőben olvasszuk fel a vegán vajat. Adja hozzá a hagymát, a zellert és a sárgarépát.

b) Körülbelül 5 percig főzzük. Adjuk hozzá az alaplevet, a paradicsompürét, a kakukkfüvet és a babérlevelet a fehérrépához és a hagymához, a sárgarépához és a zellerhez.

c) 30-40 percig sütjük lefedve, 350 fokos sütőben.

d) Amíg a fehérrépa párol, a vegán vajból és a lisztből pépet készítünk.

e) Tegye a karalábét egy tálba, és tartsa melegen a párolóedényben.

f) Egy serpenyőbe szűrjük le a párolófolyadékot. Adja hozzá a vegán vaj-liszt keverék darabjait a szószhoz, és keverje addig, amíg besűrűsödik.

g) Égesítsük s alttal és borssal, majd öntsük a szószt a fehérrépára.

33.Tajvani fehérrépa süteményleves

ÖSSZETEVŐK:
A KARBÁLA TORTÁHOZ:
- 2 csésze rizsliszt
- 2 csésze víz
- 2 csésze reszelt fehérrépa (daikon retek)
- ¼ csésze szárított garnélarák, áztatva és darálva
- ¼ csésze szárított gomba, áztatva és felkockázva
- 2 evőkanál medvehagyma, darálva
- 2 evőkanál növényi olaj
- 2 evőkanál szójaszósz
- 1 teáskanál só
- ½ teáskanál fehér bors

A LEVESHEZ:
- 4 csésze csirkehúsleves
- 2 csésze víz
- 2 zöldhagyma, apróra vágva
- Só és bors ízlés szerint

UTASÍTÁS:
A KARBÁLA TORTÁHOZ:

a) Egy keverőtálban keverjük össze a rizslisztet és a vizet. Jól keverjük össze, amíg a keverék sima és csomómentes lesz.

b) Melegítsünk növényi olajat egy nagy serpenyőben vagy wokban közepes lángon.

c) Adja hozzá a darált medvehagymát, a szárított garnélarákot és a szárított gombát a serpenyőbe. Körülbelül 2 percig kevergetve pirítjuk, amíg illatos lesz.

d) Tegyük a serpenyőbe a felaprított fehérrépát, és kevergetve pirítsuk még 2-3 percig, amíg a fehérrépa kissé megpuhul.

e) Öntsük a rizslisztes keveréket a serpenyőbe, és folyamatosan keverjük, nehogy csomók képződjenek.

f) Adjuk hozzá a szójaszószt, sót és fehér borsot a serpenyőbe. Jól keverjük össze, hogy az összes hozzávaló összeolvadjon.

g) Közepes lángon, folyamatos keverés mellett főzzük addig, amíg besűrűsödik és ragacsos állagot nem kap.

h) Egy négyzet alakú vagy kerek tortaformát kivajazunk, és beleöntjük a karalábét. Simítsa el a felületet.

i) Pároljuk a fehérrépa süteményt nagy lángon körülbelül 45-50 percig, amíg megszilárdul és átsül.

j) Vegyük ki a karalábé tortát a párolóból, és hagyjuk teljesen kihűlni.

k) Ha kihűlt, vegyük ki a karalábét a formából, és szeleteljük fel tetszőleges darabokra.

A LEVESHEZ:

l) Egy nagy fazékban keverjük össze a csirkelevest, a vizet és az apróra vágott zöldhagymát. Forraljuk fel a keveréket.

m) Adjuk hozzá az edénybe a felszeletelt karalábét, és hagyjuk párolni körülbelül 5 percig, hogy átmelegedjen.

n) A levest ízlés szerint sózzuk, borsozzuk.

o) A tajvani fehérrépa süteménylevest tálaljuk forrón, megnyugtató és ízletes ételként.

34. Vegyes-zöldek fehérrépa rántással

ÖSSZETEVŐK:
- ¼ csésze vaj
- 1 csésze apróra vágott hagyma
- 1 csésze apróra vágott zöldhagyma
- 2 zellerszár, apróra vágva
- 2 evőkanál finomra vágott gyömbérgyökér
- 2 gerezd fokhagyma apróra vágva
- 1 kilós Baby fehérrépa zöld tetejű
- 10 csésze víz
- 2 Extra nagy csirkehúsleves kocka
- ½ csésze száraz fehérbor vagy víz
- ¼ csésze kukoricakeményítő
- 6 csésze egész friss spenótlevél csomagolva
- 1¼ teáskanál őrölt fekete bors
- ½ teáskanál Só
- ¼ csésze szitálatlan univerzális liszt
- 1 nagy tojás, enyhén felverve
- Növényi olaj sütéshez

UTASÍTÁS:
a) Készítsük elő a zöldeket.
b) A kihűlt karalábét durvára lereszeljük.
c) Keverjük össze a reszelt karalábét, a lisztet, a tojást és a maradék ¼ t borsot és sót.
d) Tegyen púpozott teáskanál fritter keveréket a serpenyőbe, és mindkét oldalát megforgatva pirítsa barnára

35. Datolyaszilva és Daikon Temaki

ÖSSZETEVŐK :

- 1 csésze nyers sushi rizs
- 3 evőkanál sushi fűszerkeverék
- 10 lap pirított sushi nori, félbevágva
- 1 angol uborka
- 1 piros kaliforniai paprika
- 6 uncia tartósított daikon gyufaszálra vágva
- 2 fuyu datolyaszilva, meghámozva és gyufaszálra szeletelve
- 2 avokádó, kimagozva és felszeletelve
- furikake öntethez

UTASÍTÁS

a) Főzzük meg a sushi rizst a csomagoláson található utasítások szerint.
b) Ha kész, hűtsük le körülbelül 15 percig.
c) Keverjük hozzá a sushi fűszereket.
d) Helyezze a nori lap egyik felét egy deszkára, fényes oldalával lefelé.
e) Egy kis rizst kanalazunk a norira.
f) A rizst megkenjük úgy, hogy a nori felét megtöltsük.
g) A nori tetejére tegyen néhány szelet uborkát, pirospaprikát, daikont és datolyaszilva.
h) A tetejére tegyünk egy szelet avokádót, és rázzuk a tetejére egy kis furikakét.
i) A jobb alsó saroktól kezdve görgesd a norit balra, amíg el nem éred a végét.
j) Zárja le a kézi tekercset néhány szem rizzsel. Ismételje meg az összes többi nori lappal.

36. Snow Pea Shoot Daikon Rolls

ÖSSZETEVŐK:
- 1 uborka, apróra vágva
- 1 citrom leve
- 1 evőkanál apróra vágott mentalevél
- 1 evőkanál tamari
- 1 evőkanál retekcsíra
- 12 shiso levél
- 2 evőkanál yuzu lé
- 1 evőkanál rizsecet
- 1 evőkanál reszelt galangal
- 1 daikon retek finomra szeletelve 12 hosszú csíkra
- 1 evőkanál hóborsó hajtás, darálva
- 1 érett avokádó, apróra vágva
- Fekete szezámmag, díszítéshez

UTASÍTÁS:
a) Rendezzük el a daikon lapokat egy munkafelületen.
b) Minden daikon lapon legyen 1 shiso levél.
c) Keverje össze a tamarit, a rizsecetet, a galangal-t és a citromlevet egy tálban; tedd félre.
d) Keverje össze a hóborsó hajtásait, az avokádót, az uborkát és a mentát egy tálban.
e) Adjuk hozzá a citromöntetet és keverjük össze.
f) A keveréket egyenlően oszlassuk el a daikon lapok között, mindkét végükre egy-egy adagot helyezve.
g) Szorosan tekerje fel úgy, hogy a tekercs maga felé nézzen.
h) Tegyük át a tekercseket egy tálra, öntsük rá a csírákat és csorgassuk yuzu levével.

RETEK

37.Sült Yuzu csirke japán salátával

ÖSSZETEVŐK:
- 2 gerezd fokhagyma, összetörve
- 2 teáskanál gyömbér, reszelve
- 25 g sótlan vaj, olvasztott
- ¼ csésze yuzu lé vagy limelé
- 2 evőkanál világos szójaszósz
- 4 Maryland csirke
- ½ teáskanál szezámolaj
- 1 evőkanál mogyoróolaj
- ½ teáskanál porcukor
- Fekete szezámmag, tálaláshoz
- Citromszeletek, tálalni

JAPÁN SALA
- 1 avokádó, vékonyra szeletelve
- 100 g cukorborsó, hosszában felszeletelve
- 3 retek vágva, vékonyra szeletelve
- 1 nagy sárgarépa vékony gyufaszálra vágva
- ½ csokor metélőhagyma, 4 cm hosszúságúra vágva
- 150 g vad rakétalevél

UTASÍTÁS:
a) Egy tálban keverj össze fokhagymát, gyömbért, vajat, 2 ek yuzu-t és 1 evőkanál szójaszószt.

b) Adjuk hozzá a csirkét, és fordítsuk bevonatba. Fedjük le és tegyük hűtőbe 20 percre, hogy bepácolódjon.

c) A sütőt előmelegítjük 180°C-ra. A csirkemellet lecsepegtetjük, a pácot lecsöpögtetjük, és szárítjuk.

d) Sütőpapírral bélelt tepsire tesszük, és 15 percenként fenntartott páccal megkenve süssük 1 órán át, vagy amíg aranybarna és átsül.

e) Közben egy tálban összedolgozzuk a tészta hozzávalóit. Egy külön tálban keverje habosra a szezámolajat, a mogyoróolajat, a cukrot és a maradék 2 ek yuzu-t és 1 evőkanál szóját. Dobd fel slaw-val, hogy összedolgozd.

f) Szezámmaggal megszórva, citrommal megszórva tálaljuk.

38.Gőzölt hal

ÖSSZETEVŐK:
- 3½ csésze dashi vagy víz
- 2 csésze főtt fekete rizs
- 1 csésze száraz fehérbor
- 1 db kombu, 3 x 3 hüvelyk
- 1 teáskanál kurkuma por
- 2 babérlevél
- 2 evőkanál szárított hínár
- kóser só
- 2 fekete tengeri sügér vagy vörös sügér filé, párolva
- 5 uncia shiitake gomba, félbevágva
- 2 csésze borsó hajtás
- 2 piros retek, felaprítva
- 2 evőkanál mentalevél apróra vágva

UTASÍTÁS:
a) Keverje össze a húslevest, a rizst, a bort, a kombut, a sót, a kurkumaport, a babérlevelet és a hínárt egy Crockpotban.
b) Főzzük alacsony fokozaton 1 órán keresztül.
c) Tedd a halat a rizsre, majd tedd rá a gombát.
d) Díszítésként adjunk hozzá mentát, retket és borsóhajtást.

39. Japán rizottó gombával

ÖSSZETEVŐK:

- 4½ csésze Növényi állomány; vagy miso-infúziós húsleves, sós
- 1 evőkanál Extra szűz olívaolaj
- ½ csésze rózsás-susi rizs
- ½ csésze Sake
- Kóser só
- Frissen őrölt fekete bors
- ½ csésze Enoki gomba
- ½ csésze Apróra vágott mogyoróhagyma
- ¼ csésze Retek csíra

UTASÍTÁS:

a) Ha a miso-infundált húslevest használ, keverjen össze 1 evőkanál misót 4½ csésze vízzel, és forralja fel. Csökkentse a hőt és pároljuk.

b) Egy serpenyőben közepes-magas lángon hevítsük fel az olívaolajat. Addig adjuk hozzá a rizst, miközben folyamatosan kevergetjük az egyik irányban, amíg jó bevonat nem lesz. Vegyük le a serpenyőt a tűzről, és adjuk hozzá a szakét.

c) Tegyük vissza a tűzre, és folyamatosan keverjük egy irányba, amíg az összes folyadék fel nem szívódik. ½ csészényi lépésekben adjuk hozzá az alaplevet vagy a húslevest, miközben folyamatosan keverjük, amíg az összes folyadék fel nem szívódik.

d) Sózzuk, borsozzuk. Tálalótálakba kanalazzuk, gombával, mogyoróhagymával és csírával díszítjük, és tálaljuk.

e) Finom enoki gombával, apróra vágott mogyoróhagymával és fűszeres retekcsírával díszítjük.

40.Sült csirke pisztácia pestoval

ÖSSZETEVŐK:

- 25 g héjas pisztácia
- 1 nagy csokor friss bazsalikom, levelei és szárai durvára vágva
- 4 friss menta szál, levelei durvára vágva
- ½ citrom, plusz ½ citrom reszelt héja és leve
- 125 ml extra szűz olívaolaj
- 2 kg egész szabadtartású csirke
- 125 ml száraz fehérbor
- 200 g kovászos kenyér, darabokra tépve
- 200 g vegyes retek, felezve vagy negyedelve, ha nagy
- 250 g spárga
- Nagy marék borsóhajtás

UTASÍTÁS:

a) Melegítsük elő a sütőt 200°C/180°C ventilátor/gáz hőmérsékletre. 6. A pisztáciát, a bazsalikomot, a mentát és a citrom héját és levét mini aprítóban vagy kis robotgépben habosra habosítjuk. Csorgassunk bele 100 ml olajat, majd fűszerezzük és keverjük össze. A pesto felét egy kisebb tálba tesszük, és félretesszük.
b) Tegye a csirkét egy nagy, sekély sütőformába. A nyaküregből dolgozva az ujjaival készítsen zsebet a bőr és a hús közé
c) a mellek. Nyomd a pestót a csirke bőre alá, és dörzsöld át a felesleget a bőrrel. Facsarjuk ki a maradék ½ citromot a csirkére, majd helyezzük az üregbe. Süssük 20 percig, majd kapcsoljuk vissza a sütőt 190°C/170°C ventilátor/gáz hőmérsékletre 5.
d) Adjuk hozzá a bort és 125 ml vizet a formába, és süssük még 40-50 percig, amíg a csirke megpuhul.
e) A csirkét deszkára tesszük, lazán letakarjuk alufóliával, és félretesszük pihenni. Öntse a sütőformából a sült levet egy kancsóba. Tegyük a sütőformába a kenyeret, a retket és a spárgát, kanalazzuk le a levek tetejéről a zsírt, és dobjuk össze a kenyérrel és a zöldségekkel.
f) Fűszerezze, majd süsse 12-15 percig, amíg a zöldség megpuhul és a kenyér ropogós lesz. A maradék léből kiöntjük a zsírt, és egy serpenyőben felmelegítjük a mártáshoz.

g) Keverjük össze a maradék pestót és 25 ml olívaolajat, és csorgassuk rá a csirkehúsra és a zöldségekre. Borsórügyekkel és mártással az oldalára tálaljuk.

41. Garden Fresh Pizza

ÖSSZETEVŐK:
- Két hűtött félhold tekercs
- Két csomag kesudió krémsajt, lágyítva
- ⅓ csésze majonéz
- 1,4 uncia csomag száraz zöldségleves keverék
- 1 csésze retek, szeletelve
- ⅓ csésze apróra vágott zöld kaliforniai paprika
- ⅓ csésze apróra vágott piros kaliforniai paprika
- ⅓ csésze apróra vágott sárga kaliforniai paprika
- 1 csésze brokkoli rózsa
- 1 csésze karfiol rózsa
- ½ csésze apróra vágott sárgarépa
- ½ csésze apróra vágott zeller

UTASÍTÁS:
a) Állítsa be a sütőt 400 F-ra, mielőtt bármi mást tenne.
b) Egy 11 x 14 hüvelykes zselésítő tepsi aljába terítsd el a félholdhenger tésztát.
c) Az ujjaival csípje össze a varratokat, hogy kéreg keletkezzen.
d) Körülbelül 10 percig sütjük mindent a sütőben.
e) Mindent kivesszük a sütőből, és félretesszük, hogy teljesen kihűljön.
f) Egy tálban keverjük össze a majonézt, a kesudió krémsajtot és a zöldségleves keveréket.
g) A majonézes keveréket egyenletesen a kéregre kenjük,
h) Mindent egyenletesen tegyünk a zöldségekkel, és óvatosan nyomkodjuk a majonézes keverékhez.
i) Műanyag fóliával letakarjuk a pizzát, és egy éjszakára hűtőbe tesszük.

42. Krémes retekleves

ÖSSZETEVŐK:

- 1 csokor retek vágva és felszeletelve
- 1 hagyma, apróra vágva
- 2 gerezd fokhagyma, felaprítva
- 4 csésze zöldségleves
- 1 csésze nehéz tejszín
- Só és bors ízlés szerint
- Friss metélőhagyma a díszítéshez

UTASÍTÁS:

a) Egy nagy edényben a retket, a hagymát és a fokhagymát puhára pároljuk.
b) Adjunk hozzá zöldséglevest, és forraljuk fel. 10 percig pároljuk.
c) Merülő vagy normál turmixgép segítségével pürésítse a levest simára.
d) Hozzákeverjük a tejszínt, és sóval, borssal ízesítjük.
e) Forrón, friss metélőhagymával díszítve tálaljuk.

43. Fűszeres retek és sárgarépa leves

ÖSSZETEVŐK:

- 1 csokor retek vágva és felszeletelve
- 2 sárgarépa, meghámozva és felszeletelve
- 1 hagyma, apróra vágva
- 2 gerezd fokhagyma, felaprítva
- 4 csésze zöldségleves
- 1 teáskanál kömény
- ½ teáskanál paprika
- ¼ teáskanál cayenne bors
- Só és bors ízlés szerint
- Friss koriander díszítéshez

UTASÍTÁS:

a) Egy nagy lábasban pároljuk a retket, a sárgarépát, a hagymát és a fokhagymát, amíg megpuhul.

b) Adjuk hozzá a zöldséglevest, a köményt, a paprikát és a cayenne borsot. Forraljuk fel, és forraljuk 15 percig.

c) Merülő vagy normál turmixgép segítségével pürésítse a levest simára.

d) Sózzuk, borsozzuk.

e) Forrón, friss korianderrel díszítve tálaljuk.

44. Retek és burgonya leves

ÖSSZETEVŐK:

- 1 csokor retek vágva és felszeletelve
- 2 burgonya, meghámozva és felkockázva
- 1 hagyma, apróra vágva
- 2 gerezd fokhagyma, felaprítva
- 4 csésze zöldségleves
- ½ csésze tej vagy tejszín
- Só és bors ízlés szerint
- Friss petrezselyem a díszítéshez

UTASÍTÁS:

a) Egy nagy edényben a retket, a burgonyát, a hagymát és a fokhagymát puhára pároljuk.

b) Adjunk hozzá zöldséglevest, és forraljuk fel. 20 percig pároljuk, amíg a zöldségek megpuhulnak.

c) Merülő vagy normál turmixgép segítségével pürésítse a levest simára.

d) Hozzákeverjük a tejet vagy a tejszínt, és sózzuk, borsozzuk.

e) Forrón, friss petrezselyemmel díszítve tálaljuk.

45.Retek zöld leves

ÖSSZETEVŐK:

- Zöldek 1 csokor retekből, megmosva és apróra vágva
- 1 hagyma, apróra vágva
- 2 gerezd fokhagyma, felaprítva
- 4 csésze zöldségleves
- 1 evőkanál olívaolaj
- 1 citrom leve
- Só és bors ízlés szerint
- Köretnek görög joghurt

UTASÍTÁS:

a) Egy nagy lábasban olívaolajon megpároljuk a hagymát és a fokhagymát, amíg megpuhul.

b) Adjuk hozzá a retek zöldjét, és pároljuk néhány percig, amíg megfonnyad.

c) Adjunk hozzá zöldséglevest, és forraljuk fel. 10 percig pároljuk.

d) Merülő vagy normál turmixgép segítségével pürésítse a levest simára.

e) Hozzákeverjük a citromlevet és sózzuk, borsozzuk.

f) Forrón, egy csésze görög joghurttal díszítve tálaljuk.

46. Hűtött retek leves

ÖSSZETEVŐK:

- 1 csokor retek vágva és felszeletelve
- 1 uborka meghámozva és apróra vágva
- 1 zöldalma, meghámozva és apróra vágva
- 2 evőkanál friss mentalevél
- 2 csésze zöldségleves
- 1 lime leve
- Só és bors ízlés szerint

UTASÍTÁS:

a) Turmixgépben keverje össze a retket, az uborkát, a zöldalmát, a mentaleveleket, a zöldséglevest, a lime levét, a sót és a borsot.
b) Keverjük simára.
c) Hűtőbe tesszük legalább 1 órára, hogy megdermedjen.
d) Hidegen, friss mentalevéllel díszítve tálaljuk.

47.Retek és Cékla Leves

ÖSSZETEVŐK:
- 1 csokor retek vágva és felszeletelve
- 2 cékla, meghámozva és apróra vágva
- 1 hagyma, apróra vágva
- 2 gerezd fokhagyma, felaprítva
- 4 csésze zöldségleves
- ¼ csésze natúr görög joghurt
- 1 citrom leve
- Só és bors ízlés szerint

UTASÍTÁS:
a) Egy nagy lábosban pároljuk a retket, a céklát, a hagymát és a fokhagymát, amíg megpuhul.
b) Adjunk hozzá zöldséglevest, és forraljuk fel. 20 percig pároljuk, amíg a zöldségek megpuhulnak.
c) Merülő vagy normál turmixgép segítségével pürésítse a levest simára.
d) Hozzákeverjük a görög joghurtot és a citromlevet. Sózzuk, borsozzuk.
e) Forrón tálaljuk, egy csepp görög joghurttal és egy kis apróra vágott retekkel díszítve.

48. Retek és paradicsomleves

ÖSSZETEVŐK:

- 1 csokor retek vágva és felszeletelve
- 4 paradicsom apróra vágva
- 1 hagyma, apróra vágva
- 2 gerezd fokhagyma, felaprítva
- 4 csésze zöldségleves
- 2 evőkanál paradicsompüré
- 1 evőkanál olívaolaj
- Só és bors ízlés szerint
- Friss bazsalikom a díszítéshez

UTASÍTÁS:

a) Egy nagy lábasban olívaolajon pároljuk a retket, a paradicsomot, a hagymát és a fokhagymát, amíg megpuhul.

b) Adjunk hozzá zöldséglevest, és forraljuk fel. 20 percig pároljuk, amíg a zöldségek megpuhulnak.

c) Merülő vagy normál turmixgép segítségével pürésítse a levest simára.

d) Hozzákeverjük a paradicsompürét, és sóval, borssal ízesítjük.

e) Forrón, friss bazsalikomlevéllel díszítve tálaljuk.

49.Retek és kókuszos curry leves

ÖSSZETEVŐK:

- 1 csokor retek vágva és felszeletelve
- 1 hagyma, apróra vágva
- 2 gerezd fokhagyma, felaprítva
- 1 evőkanál curry por
- 1 doboz kókusztej
- 4 csésze zöldségleves
- 1 evőkanál olívaolaj
- Só és bors ízlés szerint
- Friss koriander díszítéshez

UTASÍTÁS:

a) Egy nagy lábasban olívaolajon pároljuk a retket, a hagymát és a fokhagymát, amíg megpuhul.
b) Adjuk hozzá a curryport és keverjük egy percig.
c) Adjuk hozzá a kókusztejet és a zöldséglevest. Felforral. 15 percig pároljuk.
d) Merülő vagy normál turmixgép segítségével pürésítse a levest simára.
e) Sózzuk, borsozzuk.
f) Forrón, friss korianderrel díszítve tálaljuk.

50.Retek és Spenót Leves

ÖSSZETEVŐK:

- 1 csokor retek vágva és felszeletelve
- 2 csésze friss spenótlevél
- 1 hagyma, apróra vágva
- 2 gerezd fokhagyma, felaprítva
- 4 csésze zöldségleves
- 1 evőkanál vaj
- ½ csésze tej vagy tejszín
- Só és bors ízlés szerint

UTASÍTÁS:

a) Egy nagy fazékban a retket, a spenótot, a hagymát és a fokhagymát vajban puhára pároljuk.
b) Adjunk hozzá zöldséglevest, és forraljuk fel. 15 percig pároljuk.
c) Merülő vagy normál turmixgép segítségével pürésítse a levest simára.
d) Hozzákeverjük a tejet vagy a tejszínt, és sózzuk, borsozzuk.
e) Forrón, friss retekszeletekkel díszítve tálaljuk.

51.Retek és Gombaleves

ÖSSZETEVŐK:

- 1 csokor retek vágva és felszeletelve
- 8 uncia gomba, szeletelve
- 1 hagyma, apróra vágva
- 2 gerezd fokhagyma, felaprítva
- 4 csésze zöldségleves
- 2 evőkanál olívaolaj
- ¼ csésze natúr görög joghurt
- Só és bors ízlés szerint
- Friss kakukkfű a díszítéshez

UTASÍTÁS:

a) Egy nagy lábosban olívaolajon pároljuk a retket, a gombát, a hagymát és a fokhagymát, amíg megpuhul.

b) Adjunk hozzá zöldséglevest, és forraljuk fel. 20 percig pároljuk, amíg a zöldségek megpuhulnak.

c) Merülő vagy normál turmixgép segítségével pürésítse a levest simára.

d) Hozzákeverjük a görög joghurtot, és sózzuk, borsozzuk.

e) Forrón, friss kakukkfű levelekkel díszítve tálaljuk.

52.Sült édesburgonya és Prosciutto saláta

ÖSSZETEVŐK:

- Méz 1 teáskanál
- Citromlé 1 evőkanál
- Zöldhagyma (osztva és szeletelve) 2
- Édes pirospaprika (finomra vágva) ¼ csésze
- Pekándió (apróra vágott és pirított) ⅓ csésze
- Retek (szeletekre vágva) ½ csésze
- Prosciutto (vékonyra szeletelve és julienesre vágva) ½ csésze
- Bors ⅛ teáskanál
- ½ teáskanál só (osztva)
- 4 evőkanál olívaolaj (osztva)
- 3 közepes édesburgonya (hámozva és 1 hüvelykes kockákra vágva)

UTASÍTÁS:

a) Melegítsük elő a sütőt 400 F fokra.
b) Helyezze az édesburgonyát egy kivajazott tepsibe (15x10x1 hüvelyk).
c) Csepegtess rá 2 evőkanál olajat, szórj rá ¼ teáskanál sóval és borssal, és jól dobd fel.
d) Fél órát sütjük, és még mindig időnként.
e) Szórjon egy kis próbát az édesburgonyára, és süsse 10-15 percig, amíg az édesburgonya megpuhul, és a prosciutto ropogós lesz.
f) Tegye át a keveréket egy nagy méretű tálba, és hagyja kissé kihűlni.
g) Adjuk hozzá a zöldhagyma felét, a pirospaprikát, a pekándiót és a retket. Vegyünk egy kis méretű tálat, és keverjük jól össze a sót, a maradék olajat, a mézet és a citromlevet.
h) Csepegtesse a salátára; összedobni rendesen. Megszórjuk a maradék zöldhagymával.

53.Görögdinnye Retek Microgreens salátával

ÖSSZETEVŐK:
- 1 evőkanál balzsamecet
- Só ízlés szerint
- Egy marék retek mikrozöld
- 2 evőkanál olívaolaj, extra szűz
- 1 szelet görögdinnye
- 2 evőkanál apróra vágott mandula
- 20 g feta sajt , morzsolva

UTASÍTÁS:
a) Helyezze a görögdinnyét egy tányérra.
b) A görögdinnye tetejére kenjük a feta sajtot és a mandulát.
c) Öntsük rájuk az extra szűz olívaolajat és a balzsamecetet.
d) Adjuk hozzá a mikrozöldeket a tetejére.

54. Microgreens és hóborsó saláta

ÖSSZETEVŐK:
VINAIGRETTE
- 1 teáskanál juharszirup
- 2 teáskanál limelé
- 2 evőkanál fehér balzsamecet
- 1 ½ csésze kockára vágott eper
- 3 evőkanál olívaolaj

SALÁTA
- 2 retek vékonyra szeletelve
- 6 uncia káposzta mikrozöld
- 12 db hóborsó vékonyra szeletelve
- Félbevágott eper, ehető virágok és friss fűszernövények a díszítéshez

UTASÍTÁS:
a) A vinaigrette elkészítéséhez keverje össze az epret, az ecetet és a juharszirupot egy keverőedényben. Szűrjük le a folyadékot, és adjuk hozzá a lime levét és az olajat.

b) Sózzuk, borsozzuk.

c) A saláta elkészítéséhez egy nagy keverőtálban keverje össze a mikrozöldeket, hóborsót, retket, mentett epret és ¼ csésze vinaigrettet.

d) Díszítésként adjunk hozzá félbevágott epret, ehető virágokat és friss fűszernövényeket.

55. Microgreen tavaszi saláta

ÖSSZETEVŐK:

- 2 evőkanál só
- 1 marék borsóhajtás mikrozöld
- ½ csésze fava bab, blansírozva
- 4 sárgarépa apróra vágva, blansírozva
- 1 marék Pak Choi mikrozöld
- 1 marék Wasabi Mustár mikrozöld
- 1 csipet amaránt mikrozöld
- 4 retek vékony érmékre szeletelve
- 1 csésze borsó, blansírozva
- Só és bors ízlés szerint

SÁRGARÉPA-GYÖMBÉR ÖNTETÉS

- ¼ csésze rizsborecet
- ½ csésze víz
- 1 hüvelykes gyömbér, meghámozva és felszeletelve
- 1 evőkanál szójaszósz
- 1 evőkanál majonéz
- Kóser só és fekete bors ízlés szerint

UTASÍTÁS:

a) Keverjük össze a mikrozöldeket, a retket, a sárgarépát, a borsót és a fava babot, majd sózzuk és borsozzuk.

b) Keverje simára a gyömbért, ½ csésze tartalék sárgarépát, rizsborecetet és vizet.

c) Vegye ki a turmixgépből, és forgassa bele a szójaszószt és a majonézt.

d) A salátát öntettel felöntjük, és tálaljuk

CUKORRÉPA

56.Cékla Hash Tojással

ÖSSZETEVŐK:

- 1 kiló cékla, meghámozva és felkockázva
- ½ font Yukon Gold burgonya, meghámozva és felkockázva
- Durva só és frissen őrölt fekete bors
- 2 evőkanál extra szűz olívaolaj
- 1 kis hagyma, felkockázva
- 2 evőkanál apróra vágott friss petrezselyem
- 4 nagy tojás

UTASÍTÁS:

a) Egy magas oldalú serpenyőben öntsük fel vízzel a céklát és a burgonyát, és forraljuk fel. Ízesítsük sóval és főzzük puhára, körülbelül 7 percig. Lecsepegtetjük és kitöröljük a serpenyőt.

b) Egy serpenyőben közepes-magas lángon hevítsünk olajat. Adjuk hozzá a főtt céklát és a burgonyát, és főzzük, amíg a burgonya aranyszínűvé nem kezd körülbelül 4 percig. Csökkentse a hőt közepesre, adjon hozzá hagymát, és keverés közben főzze puhára, körülbelül 4 percig. Fűszerezzük és keverjük hozzá a petrezselymet.

c) Készítsen négy széles mélyedést a hashóban. Mindegyikbe ütünk egy-egy tojást, és ízesítjük sóval. 5-6 percig főzzük, amíg a fehérje meg nem áll, de a sárgája még folyós.

57.Répa kéreg reggeli pizza

ÖSSZETEVŐK:
A PIZZA TÉGÉHEZ:
- 1 csésze főtt és pürésített cékla
- ¾ csésze manduladara
- ⅓ csésze barna rizsliszt
- ½ teáskanál só
- 2 teáskanál sütőpor
- 1 evőkanál kókuszolaj
- 2 teáskanál rozmaring apróra vágva
- 1 tojás

FELTÉTELEK:
- 3 tojás
- 2 szelet főtt szalonna összetört
- avokádó
- sajt

UTASÍTÁS :
a) A sütőt előmelegítjük 375 fokra
b) A pizzatésztához keverjük össze az összes hozzávalót
c) 5 percig sütjük
d) Vegyük ki és készítsünk 3 kis "kutat" egy kanál vagy fagylaltforma hátuljával
e) Dobd a 3 tojást ezekbe a "kutakba"
f) 20 percig sütjük
g) Megkenjük sajttal és szalonnával, és még 5 percig sütjük
h) Adjunk hozzá több rozmaringot, sajtot és avokádót.

58. Beet Chips

ÖSSZETEVŐK:

- 4 közepes cékla, öblítse le és szeletelje vékonyra
- 1 teáskanál tengeri só
- 2 evőkanál olívaolaj
- Hummus, a tálaláshoz

UTASÍTÁS:

a) Melegítse elő a légsütőt 380°F-ra.
b) Egy nagy tálban dobd meg a céklát tengeri sóval és olívaolajjal, amíg jól bevonat nem lesz.
c) Tegye a répaszeleteket a légsütőbe, és terítse szét egy rétegben.
d) 10 percig sütjük. Keverjük össze, majd pirítsuk további 10 percig. Keverje újra, majd pirítsa utolsó 5-10 percig, vagy amíg a chips el nem éri a kívánt ropogósságot.
e) Tálaljuk kedvenc hummusszal.

59.Kapros és fokhagymás cékla

ÖSSZETEVŐK:
- 4 cékla megtisztítva, meghámozva és felszeletelve
- 1 gerezd fokhagyma, felaprítva
- 2 evőkanál apróra vágott friss kapor
- ¼ teáskanál só
- ¼ teáskanál fekete bors
- 3 evőkanál olívaolaj

UTASÍTÁS:
a) Melegítse elő a légsütőt 380°F-ra.
b) Egy nagy tálban keverjük össze az összes hozzávalót, hogy a céklát jól bevonja az olaj.
c) Öntse a céklakeveréket a légsütő kosárba, és keverés előtt 15 percig pirítsa, majd folytassa a sütést még 15 percig.

60.Répa előétel saláta

ÖSSZETEVŐK:

- 2 kiló cékla
- Só
- ½ mindegyik Spanyol hagyma, kockára vágva
- 4 Paradicsom meghámozva, kimagozva és felkockázva
- 2 evőkanál Ecet
- 8 evőkanál olívaolaj
- Fekete olajbogyó
- 2 db Gerezd fokhagyma, apróra vágva
- 4 evőkanál Olasz petrezselyem, apróra vágva
- 4 evőkanál Koriander, apróra vágva
- 4 médium Burgonya, főtt
- Só, bors
- Csípős pirospaprika

UTASÍTÁS:

a) Vágja le a cékla végét. Jól megmossuk, és forrásban lévő sós vízben puhára főzzük. Lecsöpögtetjük, és folyó hideg víz alatt eltávolítjuk a bőrt. Dobókocka.

b) Keverjük össze az öntet hozzávalóit.

c) Keverje össze a céklát egy salátástálban a hagymával, paradicsommal, fokhagymás korianderrel és petrezselyemmel. Öntsük rá az öntet felét, óvatosan forgassuk össze, és hűtsük 30 percig. A burgonyát szeleteljük fel, tegyük egy sekély tálba, és öntsük meg a maradék öntettel. Hideg.

d) Ha készen áll az összeállításra, helyezze el a céklát, a paradicsomot és a hagymát egy sekély tál közepén, és helyezze el körülöttük a burgonyát gyűrűben. Díszítsük olajbogyóval.

61. Répa csónakok

ÖSSZETEVŐK:

- 8 kicsi Cékla
- 10 uncia rákhús, konzerv vagy friss
- 2 teáskanál Darált friss petrezselyem
- 1 teáskanál Citromlé

UTASÍTÁS:

a) Pároljuk a céklát 20-40 percig, vagy amíg megpuhul. Öblítsük le hideg vízzel, hámozzuk meg és hagyjuk kihűlni. Közben keverjük össze a rákhúst, a petrezselymet és a citromlevet.

b) Amikor a cékla kihűlt, félbevágjuk, és dinnyegombóccal vagy teáskanállal kikanalazzuk a közepét, így mélyedést készítünk. Töltsd meg rákkeverékkel.

c) Tálaljuk előételként, vagy ebédre rántott répa zöldjével együtt.

62.Répa Fritters

ÖSSZETEVŐK:
- 2 bögre Reszelt nyers cékla
- ¼ csésze Hagyma, kockára vágva
- ½ csésze Zsemlemorzsa
- 1 nagy Tojás, felvert
- ¼ teáskanál Gyömbér
- Só és bors ízlés szerint

UTASÍTÁS:
a) Keverje össze az összes összetevőt. Forró, olajozott rácsra kanalazzuk a palacsinta nagyságú adagokat.
b) Egyszer megforgatva barnára sütjük.
c) Vajjal, tejföllel, joghurttal vagy ezek bármilyen kombinációjával tálaljuk.

63.Töltött cékla

ÖSSZETEVŐK:
- 6 nagy Cékla
- 6 evőkanál Reszelt éles sajt
- 2 evőkanál Zsemlemorzsa
- 2 evőkanál Tejföl
- 1 evőkanál Savanyúság íze
- ½ teáskanál Só
- ¼ teáskanál Bors
- ¼ csésze Vaj
- ¼ csésze fehérbor

UTASÍTÁS:
a) Vágja ki a répát, vagy használjon olyan céklát, amelyet cukornád köretek készítéséhez használtak.
b) A kivájt répát enyhén sós vízben puhára főzzük.
c) Hűtsük le és távolítsuk el a héjakat. Melegítse elő a sütőt 350 F-ra. Keverje össze a sajtot, a zsemlemorzsát, a tejfölt, a savanyúság ízét és a fűszereket.
d) Töltsük meg a céklát ezzel a keverékkel, és tegyük egy vékony, kivajazott tepsibe. Kenjük meg vajjal, és süssük fedő nélkül 350 fokos sütőben 15-20 percig.
e) Olvasszuk fel a vajat, keverjük össze a fehérborral, és időnként locsoljuk meg, hogy nedves maradjon.

64. Almával és répával grillezett spanyol makréla

ÖSSZETEVŐK:

- 2 spanyol makréla (egyenként kb. 2 font), pikkelyesen és megtisztítva, eltávolítva a kopoltyúkat
- 2¼ csésze édeskömény sóoldat
- 1 evőkanál olívaolaj
- 1 közepes hagyma, apróra vágva
- 2 közepes cékla, pörkölt, főtt, grillezett vagy konzerv; finomra vágott
- 1 fanyar alma, meghámozva, kimagozva és apróra vágva
- 1 gerezd fokhagyma, felaprítva
- 1 evőkanál finomra vágott friss kapor vagy édesköménylevél
- 2 evőkanál friss kecskesajt
- 1 lime, 8 szeletre vágva

UTASÍTÁS:

a) Öblítse le a halat, és tegye egy 1 gallonos, cipzárral zárható zacskóba a sóoldattal, nyomja ki a levegőt, és zárja le a zacskót. Hűtőbe tesszük 2-6 órára.

b) Melegítsük fel az olajat egy nagy serpenyőben közepes lángon. Adjuk hozzá a hagymát és pároljuk puhára, körülbelül 3 percig. Adjuk hozzá a céklát és az almát, és pároljuk, amíg az alma megpuhul, körülbelül 4 percig. Hozzákeverjük a fokhagymát és a kaprot, és körülbelül 1 percig melegítjük. Hűtsük le a keveréket szobahőmérsékletre, és keverjük hozzá a kecskesajtot.

c) Közben gyújtson meg egy grillsütőt közvetlen, közepes hőfokra, körülbelül 375 ¡F-ra.

d) Vegye ki a halat a sós léből, és szárítsa meg. Dobja ki a sóoldatot. Töltsük meg a hal üregeit a kihűlt répa-alma keverékkel, és ha szükséges, rögzítsük zsinórral.

e) Kenje meg a grillrácsot és kenje be olajjal. Grill a halat addig, amíg a bőre ropogós nem lesz, és a hal felülete átlátszatlannak tűnik, de a közepe még filmszerű és nedves (130¼F az azonnali leolvasású hőmérőn), oldalanként 5-7 percig. A halat egy tálra szedjük, és lime-karikákkal együtt tálaljuk.

65.Céklás rizottó

ÖSSZETEVŐK:

- 50 g vaj
- 1 hagyma, finomra vágva
- 250 g rizottó rizs
- 150 ml fehérbor
- 1 liter zöldségalaplé
- 300 g főtt cékla
- 1 citrom héjában és levében
- lapos petrezselyem kis csokor, durvára vágva
- 125 g puha kecskesajt
- egy marék dió, pirítva és apróra vágva

UTASÍTÁS:

a) Olvasszuk meg a vajat egy mély serpenyőben, és pároljuk a hagymát némi fűszerezéssel 10 perc alatt puhára. Dobja bele a rizst, és keverje addig, amíg minden szem be nem vonódik, majd öntse fel a borral, és buborékoltassa 5 percig.

b) Keverés közben merőkanállal adjuk hozzá az alaplevet, de csak akkor adjunk hozzá többet, ha az előző adag felszívódott.

c) Közben vegyük fel a cékla felét, és egy kis turmixgépben turmixoljuk simára, a maradékot pedig vágjuk fel.

d) Ha a rizs megfőtt, keverjük össze a felvert és apróra vágott céklát, a citrom héját és levét, valamint a petrezselyem nagy részét. Osszuk a tányérok közé, és tegyük a tetejére egy morzsolt kecskesajtot, a diót és a maradék petrezselymet.

66.Cukorrépa csúszkák Microgreens

ÖSSZETEVŐK:
RÉPA
- 1 gerezd fokhagyma enyhén összetörve és meghámozva
- 2 sárgarépa meghámozva, feldarabolva
- Csipet Só és bors
- 1 hagyma, meghámozva és negyedelve
- 4 cékla
- 1 evőkanál kömény
- 2 szár zeller leöblítve, levágva

ÖLTÖZKÖDÉS:
- ½ csésze majonéz
- ⅓ csésze író
- ½ csésze apróra vágott petrezselyem, metélőhagyma, tárkony vagy kakukkfű
- 1 evőkanál citromlé frissen facsart
- 1 teáskanál szardellamassza
- 1 gerezd fokhagyma apróra vágva
- Só bors _

FELTÉTEL:
- Csúszó zsemle
- 1 vékonyra szeletelt vöröshagyma
- Maréknyi vegyes mikrozöld

UTASÍTÁS:
ÖLTÖZKÖDÉS
a) Keverje össze az írót, a fűszernövényeket, a majonézt, a citromlevet, a szardellapasztát, a fokhagymát, a sót és a borsot.

RÉPA
b) Holland sütőben 55 percig főzzük a céklát, a zellert, a sárgarépát, a hagymát, a fokhagymát, a köménymagot, a sót és a borsot.

c) A céklát meghámozzuk és szeletekre vágjuk.

d) A répaszeleteket mindkét oldalukon 3 percig pirítjuk egy spray-bevonatú serpenyőben.

ÖSSZEGYŰLNI
e) Helyezze el a csúszó zsemléket egy tányéron, és tegye rá céklát, vinaigrettet, lilahagymát és mikrozöldeket.

f) Élvezd.

67.Garnélarák amaránttal és kecskesajttal

ÖSSZETEVŐK:

- 2 cékla spirálozva
- 4 uncia lágyított kecskesajt
- ½ csésze rukkola mikrozöld enyhén aprítva
- ½ csésze Amaranth Microgreens enyhén aprítva
- 1 font garnélarák
- 1 csésze darált dió
- ¼ csésze nyers nádcukor
- 1 evőkanál vaj
- 2 evőkanál extra szűz olívaolaj

UTASÍTÁS:

a) Hagyja a kecskesajtot 30 percre megpuhulni, mielőtt elkezdi az előkészületeket.
b) A sütőt előmelegítjük 375 fokra
c) Melegíts fel egy serpenyőt mérsékelt lángon.
d) Adjuk hozzá a diót, a cukrot és a vajat a serpenyőbe, és mérsékelt lángon gyakran keverjük.
e) Folyamatosan keverjük, amikor a cukor olvadni kezd.
f) Miután a diót bevontuk, azonnal tegyük át egy sütőpapírra, és válasszuk szét a diót, hogy ne keményedjenek meg. Félretesz, mellőz
g) Vágja a céklát spirálokra.
h) Dobja meg a spirálokat olívaolajjal és tengeri sóval.
i) A répát kinyújtjuk egy tepsire, és a sütőben 20-25 percig sütjük.
j) Mossa le a garnélarákot, és tegye egy serpenyőbe.
k) Töltsön meg egy serpenyőt vízzel és tengeri sóval. Felforral.
l) Engedje le a vizet, és tegye jeges fürdőbe, hogy abbahagyja a főzést.
m) Vágja le és enyhén aprítsa fel a rukkola mikrozöldjét. Félretesz, mellőz.
n) Adjon mikrozöldeket a lágy sajthoz, hagyjon félre néhány csipetnyi mikrozöldet.
o) Keverjük össze a mikrozöldeket és a sajtot.
p) A sajtos keveréket golyóvá kaparjuk.
q) Tányér cékla.
r) Adjunk hozzá egy kanál sajtot a cékla tetejére.

s) Helyezze a diót a tányér köré.
t) Adjuk hozzá a garnélarákot, és szórjuk meg a maradék mikrozölddel, sóval és törött borssal.

68. Grillezett fésűkagyló friss répaszósszal

ÖSSZETEVŐK:

- 1¼ csésze friss céklalé
- Gyümölcsös olívaolaj
- 1 teáskanál fehérborecet
- Kóser só; megkóstolni
- Frissen őrölt fekete bors; megkóstolni
- 1¼ font Friss tengeri kagyló
- Néhány csepp friss citromlé
- 1 font Fiatal kelkáposztalevél; kemény középső mag eltávolítva
- Néhány csepp Sherry ecet
- Friss metélőhagyma; rúdra vágjuk
- Apró kocka sárga kaliforniai paprika

UTASÍTÁS:

a) Helyezze a cékla levét egy nem reaktív serpenyőbe, és forralja, amíg körülbelül ½ csészére csökken.

b) A tűzről levéve 2-3 evőkanál olívaolajat lassan habverővel keverj fel, hogy a szósz besűrűsödjön. Belekeverjük a fehérborecetet, ízlés szerint sózzuk, borsozzuk. Tedd félre és tartsd melegen.

c) Enyhén olajozzuk meg a tengeri herkentyűket, és ízesítsük sóval, borssal és néhány csepp citromlével.

d) Kenjük meg a kelkáposzta leveleit olajjal, és enyhén fűszerezzük. Grill kelkáposzta mindkét oldalán, amíg a levelek kissé elszenesednek és átsülnek.

e) Grill a tengeri herkentyűket egészen megfőzésig (a közepe kissé átlátszatlan legyen). A kelkáposztát tetszetősen rendezze el a meleg tányérok közepén, és csepegtessen rá néhány csepp sherryecetet.

f) Tegyünk a tetejére tengeri herkentyűket, és kanalazzuk körbe répaszószt. Díszítsük metélőhagyma rúddal és sárga borssal, és azonnal tálaljuk.

ÉDESBURGONYA

69.Édesburgonya és spenót Frittata

ÖSSZETEVŐK:

- 1 közepes édesburgonya, meghámozva és felkockázva
- 1 csésze friss spenótlevél
- 1/2 hagyma, felkockázva
- 4 tojás
- 1/4 csésze tej
- Só és bors ízlés szerint
- Olívaolaj főzéshez

UTASÍTÁS:

a) Melegítsük elő a sütőt 350 °F-ra (175 °C).
b) Sütőbiztos serpenyőben közepes lángon felhevítjük az olívaolajat.
c) Tegye a kockára vágott édesburgonyát és a hagymát a serpenyőbe, és főzze, amíg az édesburgonya megpuhul, körülbelül 8-10 percig.
d) Adjuk hozzá a spenótleveleket, és főzzük, amíg megfonnyad, körülbelül 2 percig.
e) Egy tálban keverjük össze a tojást, a tejet, a sót és a borsot.
f) Öntsük a tojásos keveréket az édesburgonyára és a spenótra a serpenyőben.
g) Főzzük néhány percig a tűzhelyen, amíg a szélei kezdenek megkötni.
h) Tegye át a serpenyőt az előmelegített sütőbe, és süsse körülbelül 12-15 percig, vagy amíg a frittata meg nem áll a közepén.
i) Vegyük ki a sütőből, és szeletelés és tálalás előtt hagyjuk kicsit hűlni.

70.Édesburgonyás reggelizőtál

ÖSSZETEVŐK:

- 1 közepes édesburgonya, pirítva és pépesítve
- 1/2 csésze görög joghurt
- 2 evőkanál méz
- 1/4 csésze granola
- Friss bogyók öntethez

UTASÍTÁS:

a) Egy tálban keverjük össze az édesburgonyapürét, a görög joghurtot és a mézet.

b) Keverjük jól össze.

c) Az édesburgonya keveréket granolával és friss bogyós gyümölcsökkel öntjük.

d) Élvezze az édesburgonyás reggelizőtálat hidegen vagy szobahőmérsékleten.

71. Édesburgonyás és kolbászos reggeli rakott

ÖSSZETEVŐK:

- 2 csésze főtt és tört édesburgonya
- 1 font reggeli kolbász főzve és morzsolva
- 1/2 hagyma, felkockázva
- 1 kaliforniai paprika, felkockázva
- 1 csésze reszelt cheddar sajt
- 8 tojás
- 1/2 csésze tej
- Só és bors ízlés szerint

UTASÍTÁS:

a) Melegítsük elő a sütőt 350 °F-ra (175 °C).

b) Egy kivajazott tepsibe rétegezzük az édesburgonyapürét, a főtt kolbászt, a felkockázott hagymát, a kockára vágott kaliforniai paprikát és a reszelt cheddar sajtot.

c) Egy tálban keverjük össze a tojást, a tejet, a sót és a borsot.

d) A tojásos keveréket a tepsiben lévő hozzávalókra öntjük.

e) Kb. 30-35 percig sütjük, vagy amíg a tojások megpuhulnak és a teteje aranybarna nem lesz.

f) Szeletelés és tálalás előtt hagyjuk néhány percig hűlni a tepsit.

72. Édesburgonyás reggeli sütik

ÖSSZETEVŐK:

- 1 csésze főtt és tört édesburgonya
- 1/4 csésze mandulavaj
- 1/4 csésze méz
- 1 teáskanál vanília kivonat
- 1 csésze hengerelt zab
- 1/2 csésze teljes kiőrlésű liszt
- 1/2 teáskanál sütőpor
- 1/2 teáskanál őrölt fahéj
- 1/4 teáskanál só
- 1/4 csésze szárított áfonya vagy mazsola
- 1/4 csésze apróra vágott dió (opcionális)

UTASÍTÁS:

a) Melegítsd elő a sütőt 175°C-ra, és bélelj ki egy tepsit sütőpapírral.

b) Egy tálban keverjük össze az édesburgonyapürét, a mandulavajat, a mézet és a vaníliakivonatot. Jól összekeverni.

c) Egy külön tálban keverjük össze a zabot, a teljes kiőrlésű lisztet, a sütőport, a fahéjat és a sót.

d) Adjuk hozzá a száraz hozzávalókat az édesburgonya keverékhez, és keverjük össze.

e) Tetszés szerint hajtsa bele szárított áfonyát vagy mazsolát és apróra vágott diót.

f) Csepegtessünk kanálnyi sütitésztát az előkészített tepsire.

g) Körülbelül 12-15 percig sütjük, vagy amíg a keksz enyhén aranybarna nem lesz.

h) Hagyja kihűlni a sütiket a tepsiben, mielőtt rácsra helyezi, hogy teljesen kihűljön.

73. Édesburgonyás és szalonnás reggeli serpenyő

ÖSSZETEVŐK:

- 2 közepes édesburgonya, meghámozva és felkockázva
- 4 szelet bacon, apróra vágva
- 1/2 hagyma, felkockázva
- 1 kaliforniai paprika, felkockázva
- 4 tojás
- Só és bors ízlés szerint

UTASÍTÁS:

a) Egy serpenyőben süsd ropogósra az apróra vágott szalonnát. Vegyük ki a serpenyőből és tegyük félre.

b) Ugyanabban a serpenyőben adjunk hozzá kockára vágott édesburgonyát, és főzzük puhára, körülbelül 8-10 percig.

c) Tegyük a serpenyőbe a felkockázott hagymát és a kaliforniai paprikát, és főzzük, amíg megpuhul, körülbelül 3-4 percig.

d) Tolja az édesburgonya keveréket a serpenyő egyik oldalára, és törje fel a tojásokat a másik oldalára.

e) Sózzuk, borsozzuk.

f) Addig főzzük, amíg a tojás ízlésünk szerint meg nem sül, az édesburgonya pedig enyhén karamellizálódik.

g) A megfőtt szalonnát a serpenyőre szórjuk.

h) Az édesburgonyás és szalonnás reggeli serpenyőt forrón tálaljuk.

74. Édesburgonyás turmixtál

ÖSSZETEVŐK:

- 1 közepes édesburgonya, megpirítva és meghámozva
- 1 fagyasztott banán
- 1/2 csésze görög joghurt
- 1/2 csésze mandulatej (vagy bármilyen más tetszőleges tej)
- 1 evőkanál méz vagy juharszirup
- Öntetek: szeletelt banán, granola, kókuszreszelék, chia mag

UTASÍTÁS:

a) Turmixgépben keverje össze a sült édesburgonyát, a fagyasztott banánt, a görög joghurtot, a mandulatejet és a mézet vagy juharszirupot.
b) Keverjük simára és krémesre.
c) Öntsük a turmixot egy tálba, és adjuk hozzá a kívánt feltéteket, például szeletelt banánt, granolát, kókuszreszeléket és chia magot.
d) Azonnal élvezze az édesburgonyás turmixtálat.

75.Édesburgonyás reggeli Burrito Bowl

ÖSSZETEVŐK:

- 2 közepes édesburgonya, meghámozva és felkockázva
- 1 evőkanál olívaolaj
- 1 teáskanál paprika
- Só és bors ízlés szerint
- 4 tojás, rántotta
- 1 csésze fekete bab, leöblítve és lecsepegtetve
- Salsa vagy csípős szósz a tálaláshoz
- Avokádó szeletek a díszítéshez

UTASÍTÁS:

a) Melegítsd elő a sütőt 220°C-ra (425°F).
b) A kockára vágott édesburgonyát olívaolajjal, paprikával, sóval és borssal egy tepsibe dobjuk.
c) Süssük a sütőben körülbelül 20-25 percig, vagy amíg az édesburgonya megpuhul és enyhén ropogós lesz.
d) Egy tálba rétegezzük a sült édesburgonyát, a rántottát és a fekete babot.
e) Salsával vagy csípős szósszal megkenjük, és avokádó szeletekkel díszítjük.
f) Az édesburgonyás reggeli burrito tálat melegen tálaljuk.

76. Ceviche Peruano

ÖSSZETEVŐK:

- 2 közepes burgonya
- 2 db édesburgonya
- 1 vöröshagyma, vékony csíkokra vágva
- 1 csésze friss limelé
- ½ szár zeller, szeletelve
- ¼ csésze enyhén csomagolt korianderlevél
- 1 csipet őrölt kömény
- 1 gerezd fokhagyma, felaprítva
- 1 habanero paprika
- 1 csipet só és frissen őrölt bors
- 1 kilós friss tilápia ½ hüvelykesre vágva
- 1 kiló közepes garnélarák - hámozott,

UTASÍTÁS:

a) A burgonyát és az édesburgonyát tegyük egy serpenyőbe, és öntsük fel vízzel. Helyezze a felszeletelt hagymát egy tál meleg vízbe.

b) Keverje össze a zellert, a koriandert és a köményt, és keverje hozzá a fokhagymát és a habanero borsot. Sózzuk, borsozzuk, majd keverjük hozzá a kockára vágott tilápiát és a garnélarákot

c) Tálaláskor a burgonyát meghámozzuk és szeletekre vágjuk. Keverje hozzá a hagymát a halas keverékhez. A tálalótálakat kibéleljük salátalevelekkel. A léből álló ceviche-t kanalazzuk a tálakba, és díszítsük burgonyaszeletekkel.

77.Gyömbéres édesburgonya rántott

ÖSSZETEVŐK:
- A; (1/2 kiló) édesburgonya
- 1½ teáskanál darált hámozott friss gyömbérgyökér
- 2 teáskanál friss citromlé
- ¼ teáskanál szárított csípős pirospaprika pehely
- ¼ teáskanál Só
- 1 nagy tojás
- 5 evőkanál univerzális liszt
- Növényi olaj rántáshoz

UTASÍTÁS:
a) Aprítógépben aprítsuk finomra a reszelt édesburgonyát a gyömbérgyökérrel, a citromlével, a pirospaprika pehellyel és a sóval, adjuk hozzá a tojást és a lisztet, majd jól keverjük össze.

b) Egy nagy serpenyőben hevíts fel 1,5 hüvelyknyi olajat, és csepegtess az olajba evőkanál édesburgonya keveréket, amíg aranybarnák nem lesznek.

c) Tegye át a rántásokat papírtörlőre, hogy lecsepegjen.

78. Édesburgonyás mályvacukorfalatok

ÖSSZETEVŐK:

- 4 édesburgonya, meghámozva és felszeletelve
- 2 evőkanál olvasztott növényi vaj
- 1 teáskanál juharszirup
- Kóser só
- 10 uncia zacskó mályvacukor
- ½ csésze fél pekándió

UTASÍTÁS:

a) Melegítsük elő a sütőt 400 Fahrenheit fokra.

b) Az édesburgonyát olvasztott növényi vajjal és juharsziruppal egy tepsire dobjuk, és egyenletes rétegben elrendezzük. Sózzuk, borsozzuk.

c) Süssük puhára, körülbelül 20 perc alatt, félidőben megfordítjuk. Távolítsa el.

d) Minden édesburgonya kört megkenünk egy mályvacukorral , és 5 percig pirítjuk .

e) Azonnal tálaljuk, minden mályvacukor tetejére egy-egy pekándió felével.

79.Töltött édesburgonya

ÖSSZETEVŐK:

- 1 csésze víz
- 1 édesburgonya
- 1 evőkanál tiszta juharszirup
- 1 evőkanál mandulavaj
- 1 evőkanál apróra vágott pekándió
- 2 evőkanál áfonya
- 1 teáskanál chia mag
- 1 teáskanál curry p aste

UTASÍTÁS:

a) Az instant edénybe adjon hozzá egy csésze vizet és a gőzölő állványt.
b) Zárja le a fedelet, és helyezze az édesburgonyát a rácsra, ügyelve arra, hogy a kioldószelep a megfelelő helyzetben legyen.
c) Melegítse elő az Instant Pot-ot nagy nyomásra 15 percig manuálisan. Beletelhet néhány percbe, amíg a nyomás megnő.
d) Az időzítő kikapcsolása után hagyja a nyomást természetesen 10 percig csökkenni. A fennmaradó nyomás kiürítéséhez forgassa el a kioldószelepet.
e) Miután az úszószelep leesett, a fedél kinyitásával távolítsa el az édesburgonyát.
f) Amikor az édesburgonya eléggé kihűlt ahhoz, hogy kezelni tudja, félbevágjuk, és a húsát villával pépesítjük.
g) A tetejét megszórjuk pekándióval, áfonyával és chia maggal, majd meglocsoljuk juharsziruppal és mandulavajjal.

80. Tempura édesburgonya

ÖSSZETEVŐK:

- 2 közepes méretű édesburgonya
- Növényi olaj, sütéshez
- 1 csésze univerzális liszt
- ¼ csésze kukoricakeményítő
- ½ teáskanál só
- 1 csésze jéghideg víz
- Ön által választott mártogatószósz (pl. szójaszósz, ponzu szósz vagy édes chili szósz)

UTASÍTÁS:

a) Az édesburgonyát meghámozzuk és vékony szeletekre vagy gyufaszálra vágjuk. Áztassa őket néhány percre hideg vízbe, hogy eltávolítsa a felesleges keményítőt. Lecsepegtetjük és papírtörlővel szárítjuk.

b) Melegítse fel a növényi olajat egy olajsütőben vagy egy nagy fazékban körülbelül 175 °C-ra.

c) Egy keverőtálban keverje össze az univerzális lisztet, a kukoricakeményítőt és a sót. Fokozatosan, óvatosan keverjük hozzá a jéghideg vizet, amíg sima tésztát nem kapunk. Ügyeljen arra, hogy ne keverje túl; nem baj, ha van néhány csomó.

d) Mártson minden édesburgonya szeletet vagy gyufaszálat a tempura tésztába, ügyelve arra, hogy egyenletesen legyen bevonva. Hagyja a felesleges tésztát lecsepegni, mielőtt óvatosan a forró olajba helyezné.

e) Az édesburgonyát adagonként megsütjük, ügyelve arra, hogy ne zsúfoljuk túl a sütőt vagy az edényt. Körülbelül 2-3 percig sütjük, vagy amíg a tempura tészta aranybarnára és ropogósra nem válik. Vágja ki őket az olajból egy lyukas kanál vagy fogó segítségével, és tegyük át egy papírtörlővel bélelt tányérra, hogy felszívja a felesleges olajat.

f) Ismételje meg a folyamatot a maradék édesburgonyával, amíg minden meg nem fő.

g) A tempura édesburgonyát forrón tálald tetszés szerinti mártogatós szósszal. Ízletes és ropogós előétel, vagy főétkezés köreteként is tálalható.

81. Pulyka és Édesburgonya Tempura

ÖSSZETEVŐK:

- 2 pulykaszelet, vékonyra szeletelve
- 1 kis édesburgonya, meghámozva és vékonyra szeletelve
- 1 csésze univerzális liszt
- ¼ csésze kukoricakeményítő
- ¼ teáskanál sütőpor
- ¼ teáskanál só
- 1 csésze jéghideg víz
- Növényi olaj sütéshez
- Mézes mustárszósz vagy az általad választott mártogatós szósz a tálaláshoz

UTASÍTÁS:

a) A pulykaszeleteket és az édesburgonyát vékony csíkokra szeleteljük.

b) Egy tálban keverjük össze a lisztet, a kukoricakeményítőt, a sütőport és a sót.

c) Fokozatosan adjuk hozzá a jéghideg vizet a száraz hozzávalókhoz, és keverjük addig, amíg a tészta csomós nem lesz.

d) Melegítse fel a növényi olajat egy olajsütőben vagy egy nagy fazékban 180°C-ra (360°F).

e) Mártson bele minden pulykacsíkot és édesburgonya szeletet a tésztába, egyenletesen vonja be őket.

f) Óvatosan tegyük bele a felvert pulykát és az édesburgonyát a forró olajba, és süssük aranybarnára, majd egyszer fordítsuk meg, hogy egyenletesen süljenek.

g) Egy lyukas kanál segítségével távolítsa el az olajból a sült pulykát és az édesburgonyát, és tegye át egy papírtörlővel bélelt tányérra, hogy a felesleges olajat lecsöpögtesse.

h) Tálalja a pulyka- és édesburgonya tempurát mézes mustármártással vagy az Ön által kedvelt mártogatós szósszal az ízek ízletes kombinációjához.

82. Sweet Potato Nachos

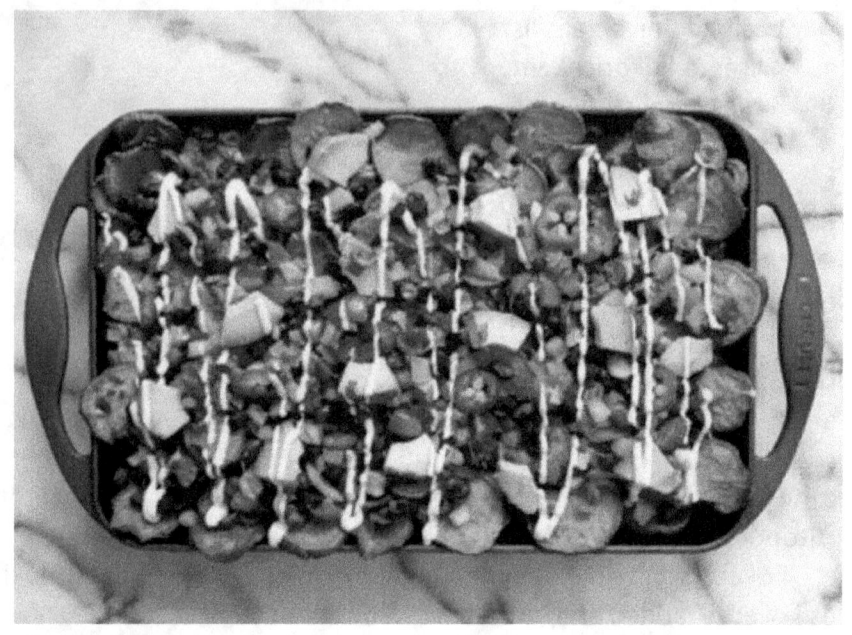

ÖSSZETEVŐK:

- 1 evőkanál olívaolaj
- ⅓ csésze apróra vágott paradicsom
- ⅓ csésze apróra vágott avokádó
- 1 teáskanál chili por
- 1 teáskanál fokhagyma por
- 3 édesburgonya
- 1½ teáskanál paprika
- ⅓ csésze csökkentett zsírtartalmú reszelt Cheddar sajt

UTASÍTÁS:

a) Melegítse elő a sütőt 425 Fahrenheit-fokra. Kenje be a tepsit tapadásmentes főzőpermettel, és fedje le fóliával.

b) Hámozza meg és vékonyan szeletelje fel az édesburgonyát 14 hüvelykes körökre.

c) Dobd meg a köröket olívaolajjal, chiliporral, fokhagymaporral és paprikával.

d) Egyenletesen eloszlatjuk az előmelegített serpenyőben, és 25 percig sütjük, közben a sütési idő felénél átforgatjuk, amíg ropogós nem lesz.

e) Vegyük ki a serpenyőt a sütőből, és szórjuk meg az édesburgonyát babbal és sajttal.

f) További 2 percig sütjük, amíg a sajt elolvad.

g) Dobd bele a paradicsomot és az avokádót. Szolgál.

83. Sült édesburgonya chips

ÖSSZETEVŐK:

- 2 nagy édesburgonya
- 2 evőkanál olívaolaj
- Só és bors ízlés szerint

UTASÍTÁS:

a) Melegítsük elő a sütőt 190 °C-ra (375 °F).
b) Az édesburgonyát megmossuk és meghámozzuk. Vékonyra szeleteljük őket mandolinszeletelővel vagy éles késsel.
c) Egy nagy tálban dobd meg az édesburgonya szeleteket olívaolajjal, sóval és borssal, amíg egyenletes bevonat nem lesz.
d) A szeleteket sütőpapírral bélelt tepsire helyezzük egy rétegben.
e) 15-20 percig sütjük, félidőben megforgatjuk a chipseket, amíg ropogós nem lesz és enyhén megpirul.
f) Tálalás előtt vegyük ki a sütőből és hagyjuk kihűlni a chipseket.

84.Curry fűszeres édesburgonya chips

ÖSSZETEVŐK:

- 2 nagy édesburgonya
- 2 evőkanál olívaolaj
- 1 teáskanál curry por
- ½ teáskanál só
- ¼ teáskanál őrölt kurkuma
- ¼ teáskanál őrölt kömény

UTASÍTÁS:

a) Melegítsük elő a sütőt 190 °C-ra (375 °F).
b) Az édesburgonyát megmossuk és meghámozzuk. Vékonyra szeleteljük őket mandolinszeletelővel vagy éles késsel.
c) Egy tálban dobd fel az édesburgonya szeleteket olívaolajjal, curryporral, sóval, kurkumával és köménnyel, amíg jól bevonat nem lesz.
d) A szeleteket sütőpapírral bélelt tepsire helyezzük egy rétegben.
e) 15-20 percig sütjük, félidőben megforgatjuk a chipseket, amíg ropogós nem lesz és enyhén megpirul.
f) Tálalás előtt vegyük ki a sütőből és hagyjuk kihűlni a chipseket.

85.Grill édesburgonya chips

ÖSSZETEVŐK:

- 2 közepes édesburgonya
- 2 evőkanál olívaolaj
- 1 evőkanál BBQ fűszer
- ½ teáskanál só

UTASÍTÁS:

a) Melegítsük elő a sütőt 190 °C-ra (375 °F).
b) Az édesburgonyát megmossuk és meghámozzuk.
c) Vékonyra szeleteljük az édesburgonyát mandolinszeletelővel vagy éles késsel.
d) Egy tálban keverjük össze az olívaolajat, a BBQ fűszereket és a sót.
e) Dobja bele az édesburgonya szeleteket a keverékbe, amíg jól bevonat nem lesz.
f) Az édesburgonya szeleteket sütőpapírral bélelt tepsire helyezzük.
g) Süssük 15-20 percig, vagy amíg ropogós nem lesz és enyhén karamellizálódik.
h) Tálalás előtt hagyjuk kihűlni a chipseket.

86. Édesburgonya körök

ÖSSZETEVŐK:

- Só, bors
- ½ sült édesburgonya, szeletelve
- 2 tojás
- ½ csésze zöld zöldek: mikrozöld, rukkola, spenót vagy más
- EVOO

UTASÍTÁS:

a) A zöldek ¾-ét tányérra tesszük, és enyhén meglocsoljuk olívaolajjal és egy csipet sóval.
b) A serpenyőt vagy a serpenyőt közepes lángra melegítjük.
c) Adjunk hozzá olívaolajat, majd helyezzük a serpenyőbe az édesburgonya szeleteket.
d) Sózzuk, borsozzuk.
e) Addig főzzük, amíg az alja barnulni kezd, majd megfordítjuk.
f) Vegyük ki az édesburgonya szeleteket a serpenyőből, és helyezzük el őket az előfőzött zöldek tetején.
g) Két tojást felütünk a serpenyőbe.
h) Ízesítsük őket kevés sóval, borssal.
i) Adjuk hozzá a tojásokat a tetejére főtt édesburgonya szeletekhez.
j) Díszítse az ételt a fenntartott zöldekkel.

87.Pulyka csúszkák édes burgonyával

ÖSSZETEVŐK:
- 4 almás füstölt szalonna csík, apróra vágva
- 1 kilós őrölt pulyka
- ½ csésze panko morzsa
- 2 nagy tojás
- ½ csésze reszelt parmezán sajt
- 4 evőkanál apróra vágott friss koriander
- 1 teáskanál szárított bazsalikom
- ½ teáskanál őrölt kömény
- 1 evőkanál szójaszósz
- 2 nagy édesburgonya
- Aprított Colby-Monterey Jack sajt

UTASÍTÁS:
a) Egy nagy serpenyőben főzzük a szalonnát közepes lángon ropogósra; papírtörlőn lecsepegtetjük. 2 evőkanál csöpögés kivételével dobja ki az összeset. Tegye félre a serpenyőt. Keverje össze a szalonnát a következő 8 hozzávalóval, amíg jól el nem keveredik; lefedjük és legalább 30 percre hűtőbe tesszük.

b) Melegítsük elő a sütőt 425°-ra. Vágja az édesburgonyát 20, körülbelül ½ hüvelyk vastag szeletre. Helyezze a szeleteket egy kiolajozott sütőlapra; süsse, amíg az édesburgonya megpuhul, de nem pépes, 30-35 percig. Távolítsa el a szeleteket; rácson kihűtjük.

c) Melegítse fel a serpenyőt fenntartott csepegtetővel közepesen magas lángon. A pulykameverékből csúszka méretű pogácsákat formázunk. A csúszkákat adagonként, mindkét oldalon 3-4 percig sütjük, ügyelve arra, hogy ne zsúfolja össze a serpenyőt. Az egyes csúszkák első megfordítása után adjon hozzá egy csipetnyi aprított cheddart. Addig főzzük, amíg a hőmérő 165°-ot nem mutat, és a leve ki nem folyik.

d) Tálaláshoz helyezze az egyes csúszkákat egy édesburgonya szeletre; kenjük meg mézes dijoni mustárral. Fedjük le egy második édesburgonya szelettel.

e) Szúrjuk meg fogpiszkálóval.

88.Édesburgonya és sárgarépa Tinga Tacos

ÖSSZETEVŐK:
- ¼ csésze víz
- 1 csésze vékonyra szeletelt fehér hagyma
- 3 gerezd fokhagyma, darálva
- 2 ½ csésze reszelt édesburgonya
- 1 csésze reszelt sárgarépa
- 1 doboz (14 uncia) kockára vágott paradicsom
- 1 teáskanál mexikói oregánó
- 2 Chipotle paprika adoboban
- ½ csésze zöldségalaplé
- 1 avokádó, szeletelve
- 8 tortilla

UTASÍTÁS:
a) Egy nagy serpenyőben közepes lángon adjunk hozzá vizet és a hagymát, és főzzük 3-4 percig, amíg a hagyma áttetsző és puha nem lesz. Adjuk hozzá a fokhagymát, és keverjük tovább 1 percig.
b) Adjunk hozzá édesburgonyát és sárgarépát a serpenyőbe, és főzzük 5 percig gyakran kevergetve.

SZÓSZ:
c) Tedd a kockára vágott paradicsomot, a zöldséglevest, az oregánót és a chipotle paprikát a turmixgépbe, és dolgozd simára.
d) Adjuk hozzá a chipotle-paradicsomszószt a serpenyőhöz, és főzzük 10-12 percig, időnként megkeverve, amíg az édesburgonya és a sárgarépa megpuhul. Ha szükséges, öntsünk még zöldséglevet a serpenyőbe.
e) Meleg tortillára tálaljuk, és avokádó szeletekkel a tetejére tálaljuk.

89. Lencse és rizs húsgombóc

ÖSSZETEVŐK:

- ¾ csésze Lencse
- 1 Édesburgonya
- 10 Friss spenót levelek
- 1 csésze Friss gomba, apróra vágva
- ¾ csésze mandulaliszt
- 1 teáskanál Tárkony
- 1 teáskanál Fokhagyma por
- 1 teáskanál Petrezselyempehely
- ¾ csésze Hosszúszemű rizs

UTASÍTÁS:

a) főzzük, amíg meg nem puhul és enyhén ragacsos, a lencsét pedig puhára. Kissé hűtsük le.
b) A meghámozott édesburgonyát apróra vágjuk, és puhára főzzük. Kissé hűtsük le.
c) A spenótleveleket le kell öblíteni és finomra aprítani.
d) Keverje össze az összes hozzávalót és a fűszereket, ízlés szerint sóval és borssal.
e) Hűtőben hűtjük 15-30 percig.
f) Húsgombócokat formázunk, és serpenyőben vagy zöldséggrillben megpirítjuk.
g) Ügyeljen arra, hogy egy serpenyőt Pam-mel zsírozzon vagy permetezzen be, mert ezek a húsgombócok hajlamosak leragadni.

90.Édesburgonyás mályvacukros rakott

ÖSSZETEVŐK:

- 4 és fél kiló édesburgonya
- 1 csésze kristálycukor
- ½ csésze vegán vaj lágyítva
- ¼ csésze növényi tej
- 1 teáskanál vanília kivonat
- ¼ teáskanál só
- 1 ¼ csésze kukoricapehely, zúzott
- ¼ csésze apróra vágott pekándió
- 1 evőkanál barna cukor
- 1 evőkanál vegán vaj, olvasztott
- 1½ csésze miniatűr mályvacukor

UTASÍTÁS:

a) Melegítse elő a sütőt 425 Fahrenheit-fokra.
b) P örkölt édesburgonya 1 órán keresztül, vagy amíg meg nem puhul.
c) Az édesburgonyát félbevágjuk, és a belsejét egy keverőtálba kanalazzuk.
d) Elektromos habverővel simára keverjük az édesburgonyapürét, a kristálycukrot és a következő 5 hozzávalót.
e) A burgonyás keveréket kanalazzuk egy 11 x 7 hüvelykes, kivajazott tepsibe.
f) Egy keverőtálban keverje össze a kukoricapehely gabonát és a következő három összetevőt.
g) Szórjuk meg átlós sorokban egymástól 2 hüvelyk távolságra az edény fölé.
h) 30 percig sütjük .
i) A kukoricapehely sorok közé szórjunk mályvacukrot; 10 percig sütjük.

91.Kukoricapehely édesburgonyás rakott

ÖSSZETEVŐK:
- 2 tojás
- 3 csésze édesburgonyapüré
- 1 csésze cukor
- ½ csésze vaj, olvasztott
- ⅓ csésze tej
- 1 teáskanál vanília kivonat

FELTÉTEL:
- 3 csésze kukoricapehely
- ⅔ csésze vaj, olvasztott
- 1 csésze csomagolt barna cukor
- ½ csésze apróra vágott dió
- ½ csésze mazsola

UTASÍTÁS:
a) Verjük fel a tojásokat egy nagy tálba, majd tegyük bele a következő 5 hozzávalót, és jól keverjük össze.

b) Egy kiolajozott, 13"x9"-es tepsibe kanalazzuk. Az öntet hozzávalóit összekeverjük és a burgonyára szórjuk.

c) 350 fokon kb 30-40 percig sütjük.

92.Bab, köles cipó édes burgonyával

ÖSSZETEVŐK:

- 1 csésze apróra vágott gomba
- 1 evőkanál olaj
- 1 csésze kockára vágott édesburgonya
- Víz, ha szükséges
- ½ csésze selymes tofu
- 2 evőkanál salsa (opcionális)
- 2 evőkanál burgonyakeményítő
- 15 uncia konzerv vörösbab, lecsepegtetve és leöblítve
- ½ csésze főtt köles
- 1 csésze rozskenyér, apró kockákra vágva
- ½ csésze felolvasztott fagyasztott kukorica vagy a kalászról frissen lekapart kukorica
- 1 teáskanál apróra vágott rozmaring
- ½ teáskanál só
- ½ csésze pirított, finomra vágott dió, bármilyen fajta (opcionális)

UTASÍTÁS:

a) Melegíts fel egy erős serpenyőt közepesen magas lángon. Hozzáadjuk a gombát, és szárazon sütjük, amíg ki nem engedi a levét. Csökkentse a hőt.

b) Adjuk hozzá az olajat és az édesburgonyát, fedjük le, és főzzük addig, amíg az édesburgonya meg nem puhul.

c) Adjunk hozzá egy kevés vizet, ha szükséges, hogy a burgonya ne ragadjon le. Amikor a burgonya és a gomba elkészült, vegyen ki körülbelül ½ csészét, és keverje össze tofuval, salsával és burgonyakeményítővel. Jól összekeverni. Félretesz, mellőz.

d) Melegítse elő a sütőt 350 fokra. A tepsit kibéleljük sütőpapírral. Egy nagy keverőtálban keverje össze a vörösbabot, a kölest és a rozskenyeret, és keverje össze, amíg el nem keveredik.

e) Keverje hozzá a tofu keveréket, a kukoricát, a rozmaringot, a sót és a diót.

f) Jól összekeverni. A keverék felét beleterítjük a tepsibe.

g) A rétegre helyezzük a maradék gombát és az édesburgonyát, majd rákenjük a maradék babot és köles keveréket. Versd le. 45 percig sütjük.

h) Kivesszük a sütőből, és hűtőrácson megfordítva kihűtjük.

93.Édesburgonyás gnocchi rakéta pestoval

ÖSSZETEVŐK:
- 2 nagy édesburgonya, sütve és meghámozva
- 2 csésze univerzális liszt, plusz a porozáshoz
- 1 teáskanál só
- ½ teáskanál őrölt fekete bors
- ¼ teáskanál őrölt szerecsendió
- 2 csésze friss rakéta (rukkola) levél
- ½ csésze reszelt parmezán sajt
- ¼ csésze fenyőmag
- 2 gerezd fokhagyma, felaprítva
- ½ csésze extra szűz olívaolaj
- Só és bors ízlés szerint

UTASÍTÁS:
a) Egy nagy tálban simára törjük a megsült édesburgonyát.
b) Egy külön tálban keverje össze az univerzális lisztet, sót, őrölt fekete borsot és őrölt szerecsendiót.
c) Fokozatosan adjuk hozzá a lisztes keveréket a püresített édesburgonyához, jól keverjük, amíg lágy tésztát nem kapunk. Ha túl ragacsos a tészta, adjunk hozzá még egy kis lisztet.
d) A tésztát enyhén lisztezett felületre tesszük, és néhány perc alatt simára gyúrjuk.
e) A tésztát kis adagokra osztjuk. Az egyes részeket körülbelül ½ hüvelyk átmérőjű kötélformára tekerjük.
f) Vágja a köteleket kis, körülbelül 1 hüvelyk hosszú darabokra a gnocchi kialakításához. Szükség esetén villával készítsen bordákat minden egyes darabon.
g) Forraljunk fel egy nagy fazék sós vizet. Hozzáadjuk az édesburgonya gnocchit, és addig főzzük, amíg a felszínre nem úszik. Ez körülbelül 2-3 percet vesz igénybe. Vágjuk ki a gnocchit egy lyukas kanállal, és tegyük félre.
h) Aprítógépben keverje össze a friss rakétaleveleket, a reszelt parmezán sajtot, a fenyőmagot, a darált fokhagymát és az extra szűz olívaolajat. Addig dolgozzuk, amíg a keverékből sima pesto nem lesz. Ízlés szerint sózzuk, borsozzuk.

i) Egy nagy serpenyőben közepes lángon hevíts fel olívaolajat. Adjuk hozzá a főtt édesburgonyás gnocchit, és dobjuk a serpenyőbe, amíg jól bevonják és átmelegítik.

j) Tálaljuk az édesburgonyás gnocchit Rocket Pesto-val, csepegtessük a pestóval a gnocchira, vagy tálaljuk mellé. Élvezze az édesburgonya gnocchi és az ízletes rakéta pesto ízletes kombinációját.

94. Gesztenye és Édesburgonya Gnocchi

ÖSSZETEVŐK:
GNOCCHI
- 1 + ½ csésze sült édesburgonya
- ½ csésze gesztenyeliszt
- ½ csésze teljes tejes ricotta
- 2 teáskanál kóser só
- ½ csésze gluténmentes liszt
- Fehér bors ízlés szerint
- Füstölt paprika ízlés szerint

GOMBA ÉS GESZTENYE RAGU
- 1 csésze gomba, 4 felé vágva
- 2-3 portobello gomba finom csíkokra szeletelve
- 1 tálca shimeji gomba (fehér vagy barna)
- ⅓ csésze gesztenye, kockára vágva
- 2 evőkanál vaj
- 2 medvehagyma, finomra vágva
- 2 gerezd fokhagyma, apróra vágva
- 1 teáskanál paradicsompüré
- Fehér bor (ízlés szerint)
- Kóser só (ízlés szerint)
- 2 evőkanál friss zsálya, apróra vágva
- Petrezselyem ízlés szerint

BEFEJEZNI
- 2 evőkanál olívaolaj
- parmezán sajt (ízlés szerint)

UTASÍTÁS:
GNOCCHI
a) Melegítsük elő a sütőt 380 fokra.

b) Az édesburgonyát villával végigszurkáljuk.

c) Helyezze az édesburgonyát egy peremes tepsire, és süsse körülbelül 30 percig, vagy amíg megpuhul. Hagyjuk kissé kihűlni.

d) Az édesburgonyát meghámozzuk, és a robotgépbe tesszük. Püresítsd simára.

e) Egy nagy tálban keverjük össze a hozzávalókat (gesztenyeliszt, só, gluténmentes liszt, fehér bors és füstölt paprika), és hagyjuk az oldalára.

f) Tegye át az édesburgonyapürét egy nagy tálba. Adjuk hozzá a ricottát, és adjuk hozzá a szárított keverék ¾-ét. Vigye át a tésztát egy erősen lisztezett munkafelületre, és óvatosan gyúrja bele a lisztet, amíg a tészta összeáll, de még mindig nagyon puha lesz.

g) Osszuk a tésztát 6-8 részre, és minden darabot sodorjunk 1 hüvelyk vastag kötélre.

h) Vágja a köteleket 1 hüvelyk hosszúságúra, és minden darabot szórjon meg gluténmentes liszttel.

i) Minden gnocchi-t egy lisztezett villa fogaihoz forgatva kis mélyedéseket készítsen.

j) Tartsa egy tálcán a hűtőben, amíg készen nem áll a használatra.

GOMBA ÉS GESZTENYE RAGU

k) Egy forró serpenyőben olvasszuk fel a vajat és adjunk hozzá egy csipet sót.

l) Adjuk hozzá a medvehagymát, a fokhagymát és a zsályát, és pároljuk 10 percig, amíg a medvehagyma áttetszővé nem válik.

m) Hozzáadjuk az összes gombát, és nagy lángon, folyamatos keverés mellett megpirítjuk.

n) Adjuk hozzá a paradicsompürét és a fehérbort, és hagyjuk langyosodni, amíg a gomba megpuhul és megpuhul.

o) A ragut megkenjük frissen vágott petrezselyemmel és kockára vágott gesztenyével. Félretesz, mellőz.

BEFEJEZNI

p) Forraljunk fel egy nagy fazék sós vizet. Adjuk hozzá az édesburgonya gnocchit, és főzzük, amíg fel nem úszik a felszínen, körülbelül 3-4 percig.

q) Egy lyukas kanál segítségével tegyük át a gnocchit egy nagy tányérra. Ismételje meg a maradék gnocchival.

r) Olvassz fel 2 evőkanál olívaolajat egy nagy serpenyőben.

s) Óvatosan kevergetve hozzáadjuk a gnocchit, amíg a gnocchi karamellizálódik.

t) Adjuk hozzá a Ragu gombát, és adjunk hozzá néhány evőkanál gnocchi vizet.

u) Óvatosan keverjük össze, és főzzük 2-3 percig nagy lángon.
v) A tetejére parmezán sajtot szórva tálaljuk.

95. Édesburgonya és sárgarépa gnocchi

ÖSSZETEVŐK:

- 1 nagy édesburgonya, sütve és meghámozva
- 1 nagy sárgarépa megfőzve és meghámozva
- 2 csésze univerzális liszt, plusz a porozáshoz
- ½ teáskanál só
- ¼ teáskanál őrölt fahéj
- ¼ teáskanál őrölt szerecsendió
- ¼ teáskanál őrölt gyömbér
- Vaj vagy olívaolaj főzéshez
- Friss zsályalevél díszítéshez

UTASÍTÁS:

a) Egy nagy tálban simára zúzzuk a sült édesburgonyát és a főtt sárgarépát.
b) Egy külön tálban keverje össze az univerzális lisztet, sót, őrölt fahéjat, őrölt szerecsendiót és őrölt gyömbért.
c) Fokozatosan adjuk hozzá a lisztes keveréket a pépesített édesburgonyához és a sárgarépához, jól keverjük össze, amíg lágy tésztát nem kapunk. Ha túl ragacsos a tészta, adjunk hozzá még egy kis lisztet.
d) A tésztát enyhén lisztezett felületre tesszük, és néhány perc alatt simára gyúrjuk.
e) A tésztát kis adagokra osztjuk. Az egyes részeket körülbelül ½ hüvelyk átmérőjű kötélformára tekerjük.
f) Vágja a köteleket kis, körülbelül 1 hüvelyk hosszú darabokra a gnocchi kialakításához. Szükség esetén villával készítsen bordákat minden egyes darabon.
g) Forraljunk fel egy nagy fazék sós vizet. Adjuk hozzá az édesburgonya és a sárgarépa gnocchit, és főzzük addig, amíg a felszínre nem úsznak. Ez körülbelül 2-3 percet vesz igénybe. Vágjuk ki a gnocchit egy lyukas kanállal, és tegyük félre.
h) Egy külön serpenyőben közepes lángon hevíts fel vajat vagy olívaolajat. Adjuk hozzá a főtt édesburgonyát és a sárgarépa gnocchit, és pirítsuk addig, amíg enyhén barnák és ropogósak nem lesznek.
i) Tálalás előtt díszítse az édesburgonya és sárgarépa gnocchit friss zsályalevelekkel.

CSICSÓKA

96.Vegetáriánus Carpaccio

ÖSSZETEVŐK:
- 3 különböző színű cékla; rózsaszín, sárga és fehér
- 2 sárgarépa különböző színekben; sárga és lila
- 2 csicsóka
- 4 retek
- 1 fehérrépa
- ¼ csésze olívaolaj
- 4 evőkanál borecet
- 1 szelet kenyér, kockára vágva
- 2 evőkanál fenyőmag
- 1 evőkanál tökmag
- 2 evőkanál dióolaj
- 1 marék saláta
- tengeri só
- frissen őrölt fekete bors

UTASÍTÁS :
a) Mossa meg az összes zöldséget. Mandolin segítségével nagyon vékony szeletekre vágjuk.
b) Tedd egy tálba, öntsd hozzá az ecetet és az olívaolajat, majd óvatosan keverd össze az ujjaiddal.
c) Hagyjuk állni egy órát.
d) A fenyőmaggal és a tökmaggal ellátott kenyeret száraz serpenyőben, folyamatos keverés mellett megsütjük.
e) A zöldségeket tányérra tesszük, krutonnal és magvakkal díszítjük.
f) Meglocsoljuk dióolajjal, sózzuk, borsozzuk.
g) Díszítsük salátalevelekkel.

97.Csicsóka Gránátalmával

ÖSSZETEVŐK:

- 500 g csicsóka
- 3 evőkanál extra szűz olívaolaj
- 1 teáskanál nigella mag
- 2 evőkanál fenyőmag
- 1 evőkanál méz
- 1 gránátalma, hosszában félbevágva
- 3 evőkanál gránátalma melasz
- 3 evőkanál feta, morzsolva
- 2 evőkanál lapos petrezselyem, apróra vágva
- Só és fekete bors

UTASÍTÁS:

a) Melegítsük elő a sütőt 200 C/400 F/6-os gázjelzésre. Az articsókákat alaposan dörzsöljük le, majd méretüktől függően félbe vagy negyedeljük. Egy nagy tepsibe tesszük őket egy rétegben, és meglocsoljuk 2 evőkanál olajjal. Sózzuk, borsozzuk jól, majd szórjuk meg a nigella magvakkal. 20 percig sütjük, vagy amíg ropogós nem lesz a szélein. A főzés utolsó 4 percében adjuk hozzá a fenyőmagot és a mézet az articsókhoz.

b) Közben kitörjük a gránátalma magokat. Egy nagy tál és egy nehéz fakanáll segítségével üsd meg minden félbevágott gránátalma oldalát, amíg az összes mag ki nem pattog. Távolítson el minden lyukat. Öntsük a levét egy kis tálba, és adjuk hozzá a gránátalma szirupot és a maradék olívaolajat. Keverjük össze, amíg össze nem áll.

c) Ha kész az articsóka és a fenyőmag, kanalazzuk egy tálra, a magvakkal megszórva. Mindenre öntjük az öntetet, és a végén fetával és petrezselyemmel szórjuk meg a tálaláshoz.

98.Articsóka koriander koktél

ÖSSZETEVŐK:

- 4 csicsóka
- 1 csokor friss koriander, körülbelül 1 csésze
- 4 nagy retek, farokkal és nyírva
- 3 közepes carrots, vágva

UTASÍTÁS:

a) Egyenként dolgozza fel a csicsókát az elektronikus facsarón keresztül a gyártó utasításai szerint.
b) Forgassa a koriandert golyóvá, hogy összenyomja és hozzáadja.
c) Adjuk hozzá a retket és a sárgarépát.
d) A levet alaposan összekeverjük, és ízlés szerint jégen tálaljuk.

99.Sült csirke csicsókával

ÖSSZETEVŐK :

- 1 font / 450 g csicsóka, meghámozva és hosszában 6, 1,5 cm vastag szeletre vágva
- 3 evőkanál frissen facsart citromlé
- 8 bőrös, csontos csirkecomb, vagy 1 közepes egész csirke, negyedelve
- 12 banán vagy más nagy mogyoróhagyma, hosszában félbevágva
- 12 nagy gerezd fokhagyma, szeletelve
- 1 közepes citrom hosszában félbevágva, majd nagyon vékonyra szeletelve
- 1 tk sáfrány szál
- 3½ evőkanál / 50 ml olívaolaj
- ¾ csésze / 150 ml hideg víz
- 1¼ evőkanál rózsaszín bors, enyhén törve
- ¼ csésze / 10 g friss kakukkfűlevél
- 1 csésze / 40 g tárkonylevél apróra vágva
- 2 tk só
- ½ teáskanál frissen őrölt fekete bors

UTASÍTÁS :

a) A csicsókát egy közepes lábasba tesszük, felöntjük bő vízzel, és hozzáadjuk a fél citrom levét. Forraljuk fel, csökkentsük a lángot, és lassú tűzön főzzük 10-20 percig, amíg megpuhul, de nem puha. Lecsöpögtetjük és hagyjuk kihűlni.

b) Tegye a csicsókát és az összes többi hozzávalót, a maradék citromlé és a tárkony fele kivételével egy nagy keverőtálba, és kézzel keverje jól össze az egészet. Fedjük le, és hagyjuk a hűtőben pácolódni egy éjszakán át, de legalább 2 órán keresztül.

c) Melegítsük elő a sütőt 475°F / 240°C-ra. A csirkedarabokat bőrös felével felfelé egy serpenyő közepére helyezzük, és a többi hozzávalót a csirke köré kenjük. 30 percig sütjük. Fedjük le a serpenyőt alufóliával és süssük további 15 percig. Ezen a ponton a csirkének teljesen meg kell főznie. Kivesszük a sütőből, és hozzáadjuk a tárkonyt és a citromlevet. Jól elkeverjük, megkóstoljuk, és ha szükséges, még sózzuk. Egyszerre tálaljuk.

100. Spenót és édesburgonya lasagna

ÖSSZETEVŐK:

- 2-3 nagy édesburgonya (körülbelül 2 font), meghámozva és ½ hüvelykes kockákra vágva
- 2 nagy fej karfiol, rózsára vágva
- ¼ csésze fenyőmag, pirítva
- Igény szerint cukrozatlan sima mandulatej
- 3 evőkanál tápláló élesztő, opcionális
- ½ teáskanál szerecsendió
- 1½ teáskanál só
- 1 nagy sárga hagyma, meghámozva és apróra vágva
- 4 gerezd fokhagyma, meghámozva és felaprítva
- 1 evőkanál darált kakukkfű
- ½ csésze finomra vágott bazsalikom
- 12 csésze spenót (kb. 2 font)
- Só és frissen őrölt fekete bors ízlés szerint
- 12 uncia teljes kiőrlésű vagy csicsóka-lisztből készült lasagne tészta, a csomagoláson található utasítások szerint megfőzve, lecsepegtetve és kihűlésig öblítve

UTASÍTÁS:

a) Helyezze az édesburgonyát dupla kazánba vagy párolókosárba, és párolja 6 percig, vagy amíg megpuhul, de nem pépes. Öblítsük le, amíg kihűl, majd szűrjük le és tegyük félre.

b) Pároljuk a karfiolt 6-8 percig, amíg nagyon puha nem lesz. A karfiolt és a fenyőmagot turmixgépben, ha szükséges, adagonként összekeverjük, simára és krémesre pürésítjük, ha szükséges, adjunk hozzá mandulatejet. Adja hozzá a pürét egy nagy tálba, és keverje hozzá az élesztőt (ha használ), a szerecsendiót és a sót. Félretesz, mellőz.

c) Helyezze a hagymát egy nagy serpenyőbe, és közepes lángon pirítsa 10 percig. Egyszerre 1-2 evőkanál vizet adunk hozzá, hogy ne ragadjon a serpenyőhöz.

d) Adjuk hozzá a fokhagymát, a kakukkfüvet, a bazsalikomot és a spenótot, és főzzük 4-5 percig, vagy amíg a spenót megfonnyad. Adjuk hozzá a karfiolpüréhez, és jól keverjük össze. Ízesítsük további sóval és borssal.

e) Melegítse elő a sütőt 350 °F-ra.

f) A lasagne összeállításához öntsön 1 csésze karfiol keveréket egy 9 × 13 hüvelykes tepsi aljába. Adjunk hozzá egy réteg lasagne tésztát. Helyezzen egy réteg édesburgonyát a tészta tetejére.

g) Öntsön 1½ csésze karfiol keveréket az édesburgonyára. A tetejére tegyünk még egy réteg tésztát, majd egy réteg édesburgonyát.

h) Adjunk hozzá még egy réteg karfiol keveréket. A tetejére egy utolsó réteg tésztát és a maradék karfiol szószt. Alufóliával letakarjuk és 30 percig sütjük.

i) Fedjük le, és süssük további 15 percig, vagy amíg a rakott forró és buborékos nem lesz. Tálalás előtt 15 percig állni hagyjuk.

KÖVETKEZTETÉS

Ahogy befejezzük a "A GYÖKÉRZÖLDSÉGEK SZAKKÖNYV" című kulináris utazásunkat, reméljük, hogy átélte már a gyökérzöldségek konyhaművészetének elsajátításának örömét. Az ezeken az oldalakon található minden recept a földes ízek, a tápanyaggazdagság és a kulináris sokoldalúság ünnepe, amelyet a gyökérzöldségek az asztalra hoznak – a felszín alatt rejlő kulináris lehetőségekről.

Akár ízlelte a sült gyökérzöldségek egyszerűségét, akár az innovatív ételek kreativitását, akár felfedezte a különféle gyökerek táplálkozási előnyeit, bízunk benne, hogy ezek a receptek lángra lobbantották a gyökérzöldségekkel való főzés iránti szenvedélyét. A hozzávalókon és a technikákon túl a gyökérzöldségkonyha elsajátításának koncepciója váljon az inspiráció, a kreativitás forrásává és a természet gazdagságának ünnepévé.

Miközben folytatja a gyökérzöldségekben rejlő kulináris lehetőségek felfedezését, legyen a "A GYÖKÉRZÖLDSÉGEK SZAKKÖNYV" megbízható társ, amely számos recepten keresztül vezet, amelyek bemutatják e föld alatti kincsek gazdagságát és sokoldalúságát. Itt megízlelheti a földi jót, finom ételeket készíthet, és ünnepelheti a gyökérzöldségek kulináris repertoárjában betöltött alapvető szerepét.

JÓ ÉTVÁGYAT!

www.ingramcontent.com/pod-product-compliance
Lightning Source LLC
Chambersburg PA
CBHW071319110526
44591CB00010B/951